古代豪族の興亡に秘められた ヤマト王権の謎

古川順弘

宝島社新書

写真:長谷川周／アフロ

極楽寺ヒビキ遺跡（葛城氏）

奈良盆地を見渡す金剛山系白雲岳麓の高台から発見された極楽寺ヒビキ遺跡（5世紀前半）は、発掘された建造物の遺構の柱痕跡に焼土が混じっており、雄略天皇に火をつけられた葛城円大臣の屋敷ではなかったかとして注目された。写真提供：奈良県立橿原考古学研究所

丁未の乱（物部氏）

丁未の乱（587年）に参戦したと伝わる聖徳太子の「自ら四天王像を彫り、勝利の暁には寺と塔を建立すると誓約し物部守屋を征伐した」という伝説を歌川国芳が戯画化した『聖徳太子　物部守屋誅伐ノ図』。
『聖徳太子　物部守屋誅伐ノ図』歌川国芳画　浅井コレクション所蔵　Photo:Cool Art Tokyo/DNP artcom

梅花の宴(大伴氏)

「遠《とお》の朝廷《みかど》」大宰府の長官として天平2年（730)、大伴旅人が催した「梅花《ばいか》の宴」。「令和」の元号は、『万葉集』所収のそこで詠まれた「梅花の歌」32首の序文に記された〈時に、初春の令月にして、気淑《よ》く風和《やはら》ぐ…〉という満ち足りた情景から採られた。

『太宰帥大伴旅人卿讃酒像』小杉放菴画　出光美術館所蔵

石舞台古墳(蘇我氏)

長さ7.7メートル、幅3.5メートル、高さ4.7メートル、総重量約2300トン。その巨大なむき出しの玄室から、被葬者として蘇我馬子が推定される石舞台古墳。その背景には、崇仏派の蘇我氏にふさわしく落日の二上山が望める。

天岩戸神話（忌部氏）

天の岩戸の隙間から顔をのぞかせた天照大神を、岩戸をこじあけて引き出そうとしている忌部氏の祖神、天太玉命。その下にはライバル中臣氏の祖神、天児屋命の姿も描かれている。
『岩戸神楽の起顯』三代歌川豊国（歌川国貞）　提供：アフロ

吉備津神社（吉備氏）

吉備中山の西麓に鎮座し、吉備氏の始祖、大吉備津彦大神を主祭神として祀る吉備津神社は、「天皇に反抗した吉備勢力の怨霊を鎮祭する目的でつくられたヤマト王権ゆかりの神社」という説もある。
ⓒSHUKO YASUMI/SEBUN PHOTO/amanaimages

神迎祭（出雲氏）

毎年旧暦10月10日から17日まで、八百万の神々が出雲大社へ集われ、様々な縁結びの神議《かみはか》（＝会議）をなす神在祭。それに先立ち10日の夜、稲佐の浜へ流れ着く龍蛇《りゅうじゃ》（海蛇）を神の使者として迎える神迎祭（神迎神事）も出雲ならではの神事。
出雲大社　神迎神事　島根観光連盟

東国の勇者(上毛野氏)

舒明天皇9年（637）、将軍に任ぜられ蝦夷討伐に向かった上毛野形名は、一旦は蝦夷に敗れて兵は逃亡し、形名も逃げ出そうとしたが、妻の「先祖の名を汚すな」という鼓舞で思いとどまり、蝦夷征伐に成功したと伝えられている。

『教導立志基 上毛野形名』 小林清親画　東京都江戸東京博物館所蔵
画像提供：東京都江戸東京博物館／DNP artcom

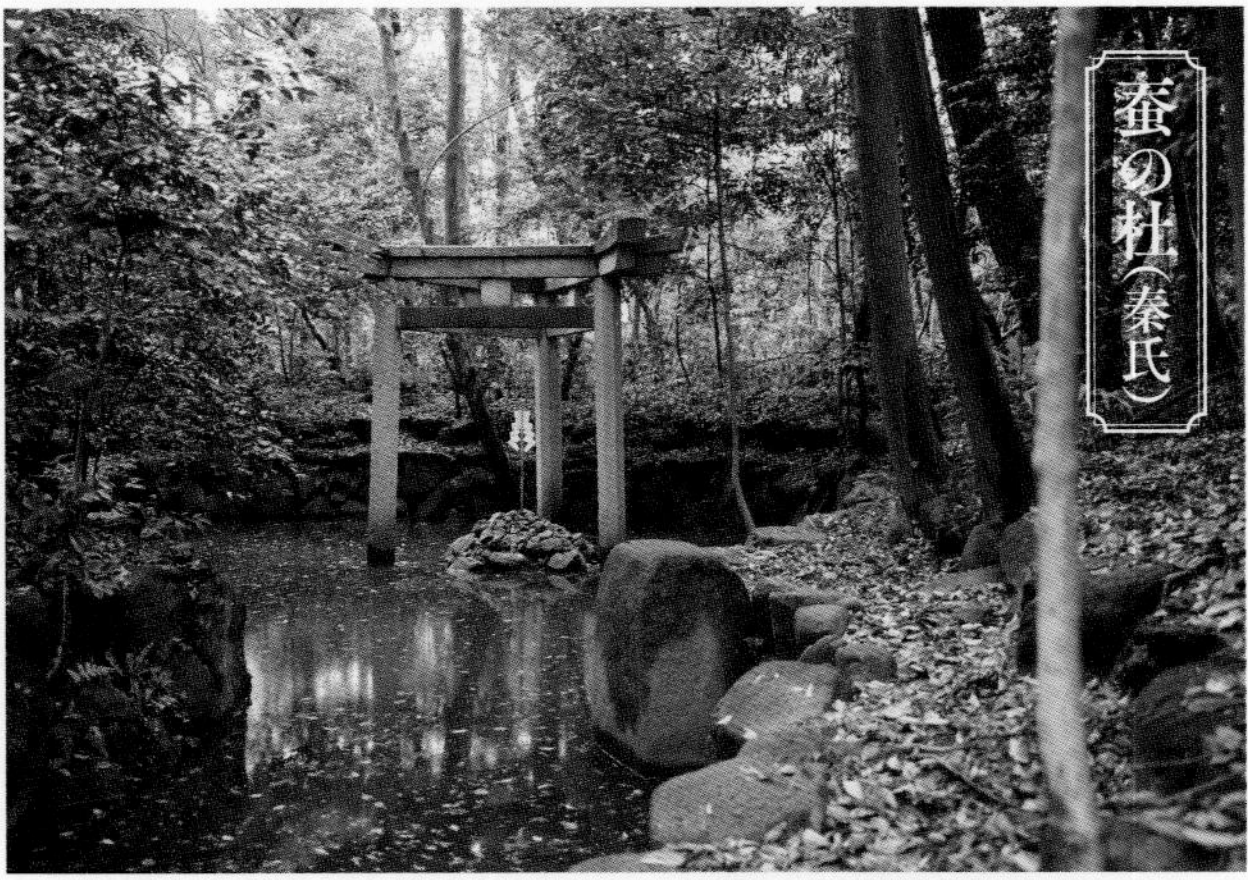

蚕の杜(秦氏)

京都太秦の「蚕《かいこ》の社《やしろ》」の呼び名で親しまれている木嶋坐天照御魂《このしまにますあまてるみたま》神社は、一説に渡来人であった秦氏が養蚕と織物の神を祀ったのがはじまりと伝えられている。同社には、鳥居を3基組み合わせた珍しい三柱鳥居《みはしらとりい》が「元糺《もとただす》の池《いけ》」の中に建てられている。写真：土村清治／アフロ

乙巳の変（中臣氏）

飛鳥板蓋宮《あすかいたぶきのみや》内で中大兄皇子と中臣鎌足が蘇我入鹿を誅戮する場面を描く月岡芳年の『大日本名将鑑』。
『大日本名将鑑　中臣鎌足大兄皇子入鹿大臣』月岡芳年筆　東京都立図書館所蔵

乙巳《いっし》の変（645年）に際して中大兄皇子と中臣（藤原）鎌足が語らったという「談《かたら》い山《やま》」の麓にあり、鎌足を祭神とする談山神社の藤原鎌足公神像。
藤原鎌足公神像　談山神社所蔵

はじめに――古代豪族に推戴された大王たち

今からおよそ千四百年以上前の、六世紀末のことである。時の崇峻《すしゅん》天皇が、政権の実力者だった蘇我馬子《そがのうまこ》の策謀により暗殺され、突如、皇位が空位になった。

まさしく青天の霹靂《へきれき》だったが、暗殺事件からおよそひと月後には、はやくも次の天皇が即位している。それが日本史上初の女帝となった推古《すいこ》天皇である。かつて敏達《びだつ》天皇（崇峻の二代前）の皇后だった女性で、崇峻にとっては異母姉にあたる。

ところで、天皇暗殺という未曾有《みぞう》の混乱のなか、どのようなプロセスをへて、次の天皇が決まったのか。皇族たちが急遽集まって合議したのだろうか。それとも、混乱を収束すべく、推古がみずから手をあげたのだろうか。

いや、そうではなかった。

暗殺事件に続けて、『日本書紀』はこう記している。

「群臣《まへつきみたち》、渟中倉太珠敷天皇《ぬなくらふとたましきすめらみこと》の皇后額田部皇女《きさきぬかたべのひめみこ》に請《まを》して、践祚《あまつひつぎしろ》さしめまつらむとす。皇后辞譲《いな》びたまふ。百寮《もものつかさ》、上表《ふみたてまつ》りて勧進《すすめまつ》る。三《みたび》に至《いた》りて乃《すなは》ち従《したが》ひたまふ。因《よ》りて天皇の璽印《みしるし》を奉《たてまつ》る」（推古天皇即位前紀）

これを現代語訳してみると、次のようになる。

「群臣《まえつきみたち》が、敏達天皇の皇后であった額田部皇女（推古天皇の実名）に即位して下さるように願ったが、皇女は辞退された。そこで、大勢の役人が上表文を奉ってなおも即位を勧めたところ、三度目になってようやく承諾された。よって、臣下たちは皇位の御しるしを皇女に奉った」

要するに、推古天皇はまずはじめに「群臣」に即位の要請を受け、最終的にそれを受けるかたちで即位したのであり、その証しとして、「璽印」――「三種の神器」に相当するレガリア――を「群臣」をはじめとする臣下たちから奉献されたのだった。

ここに登場する「群臣」というのが、本書のテーマである「豪族《ごうぞく》」にほかならない（より正確に言うと、ここでの「群臣」は「有力豪族の代表者たち」をさす）。早い話、推古は、豪族たちによって次期天皇に選出されたのである。

豪族の細かい定義の問題については序章に譲るが、ここで筆者が言いたいのは、往古の天皇（当時の言葉では大王《おおきみ》）は、推古天皇のケースが象徴するように、基本的には豪族たちによって推戴《すいたい》される存在であり、彼らの支持や理解がなければ安定した政治を行うことはできなかった――ということである。また、豪族は中央だけではなく地方にもいたし、朝鮮半島をルーツとする豪族もいて、彼らに対しても積極的に政治に関与する道が開かれていた。そして、こうした豪族たちの後ろにひかえていたのが、「人民《たみ》」すなわち民衆であった。

しかも、推古天皇の場合は、彼女を推戴した群臣の中に、崇峻暗殺を首謀した、当時の大豪族蘇我馬子が含まれていたことを考えると、豪族たちが保持しえた力の強大さが察せられよう。

推古即位の事情をめぐっては種々の見解があり、また、個々の天皇によって天皇と豪族とのあいだの力関係にも差があったと思われるので、一概には言えないのだが、七世紀後半に律令《りつりょう》制度が形成されはじめるまで、日本の王権は、大なり小なり、豪族たちをまじえた合議政治というかたちをとったのである。

本書では、そんな豪族に焦点をあて、歴史的な年代としては四世紀～七世紀を中心にしてその興亡をたどり、豪族という視点から日本の古代史を素描することを試みた。

古代豪族は、八世紀に入って藤原氏が台頭して貴族社会が到来すると、歴史の表舞台から姿を消してゆく。だが、日本の土台を築いたのは彼ら豪族たちであった。その多くは衰微してしまったが、彼らの子孫は各地に散らばって生きつづけた。その血脈は、幾多の時代を乗り越えて、現代の日本人にまで及んでいるはずである。

古代豪族の興亡に秘められたヤマト王権の謎　目次

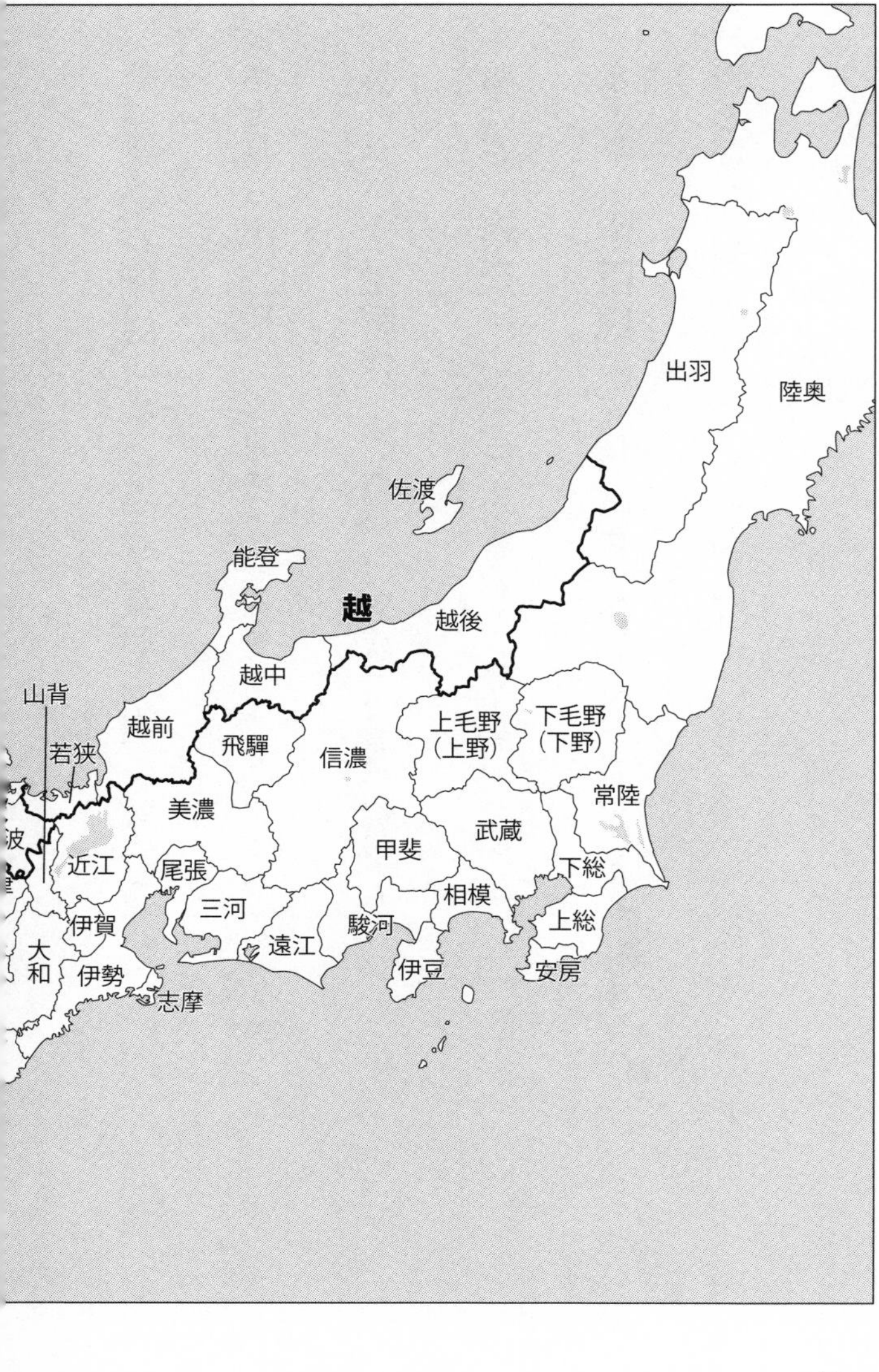

出羽
陸奥
佐渡
能登
越
越後
越中
山背
越前
若狭
飛騨
信濃
上毛野
(上野)
下毛野
(下野)
常陸
美濃
波
近江
甲斐
武蔵
下総
尾張
三河
相模
上総
伊賀
駿河
遠江
大
和
伊勢
伊豆
安房
志摩

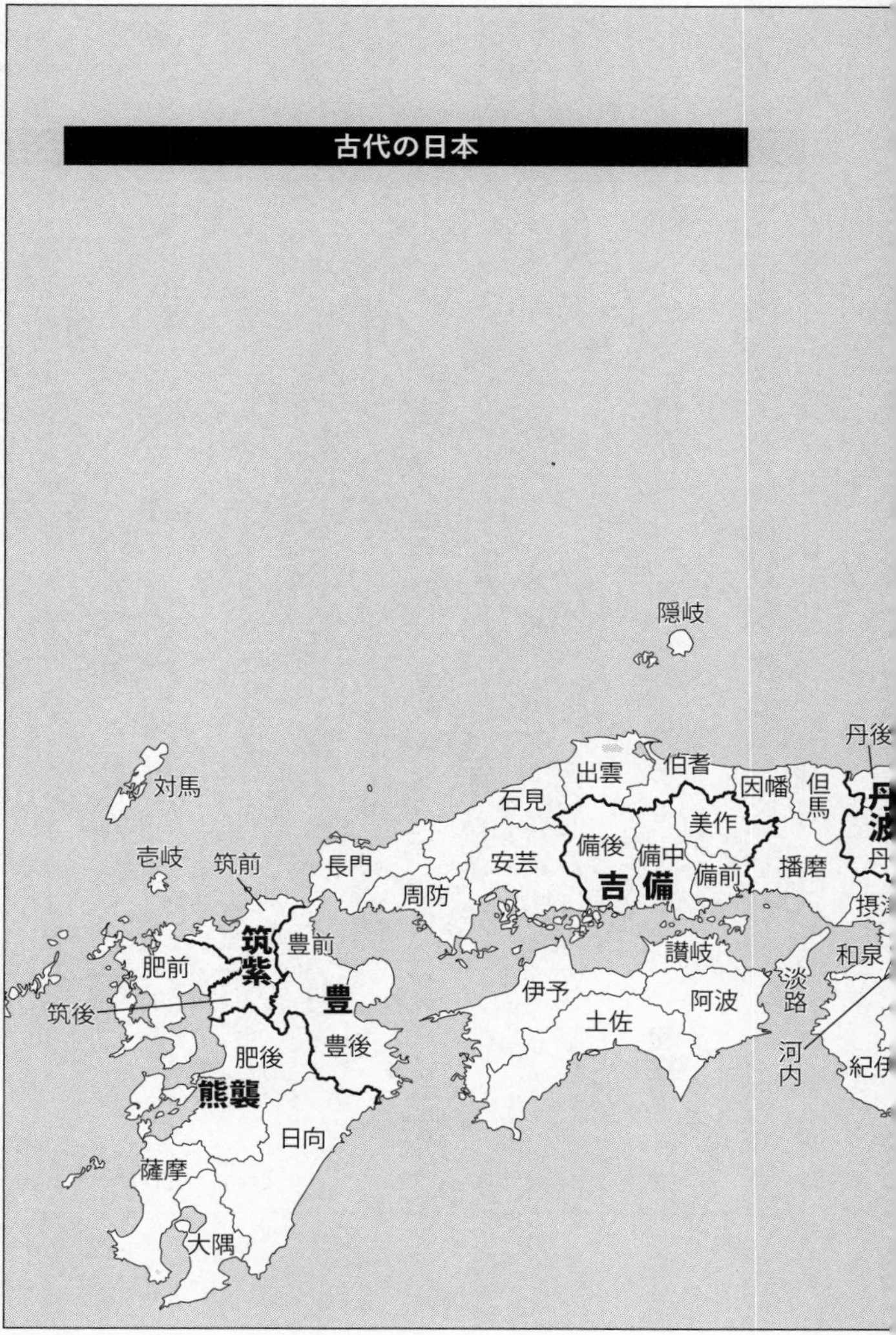
古代の日本
隠岐
丹後
出雲
伯耆
因幡
但馬
丹波
対馬
石見
美作
備後
備中
壱岐
筑前
長門
安芸
備前
播磨
丹
吉
備
周防
摂
筑紫
豊前
讃岐
和泉
肥前
淡路
伊予
豊
阿波
筑後
土佐
豊後
肥後
河内
紀伊
熊襲
日向
薩摩
大隅

古代の畿内

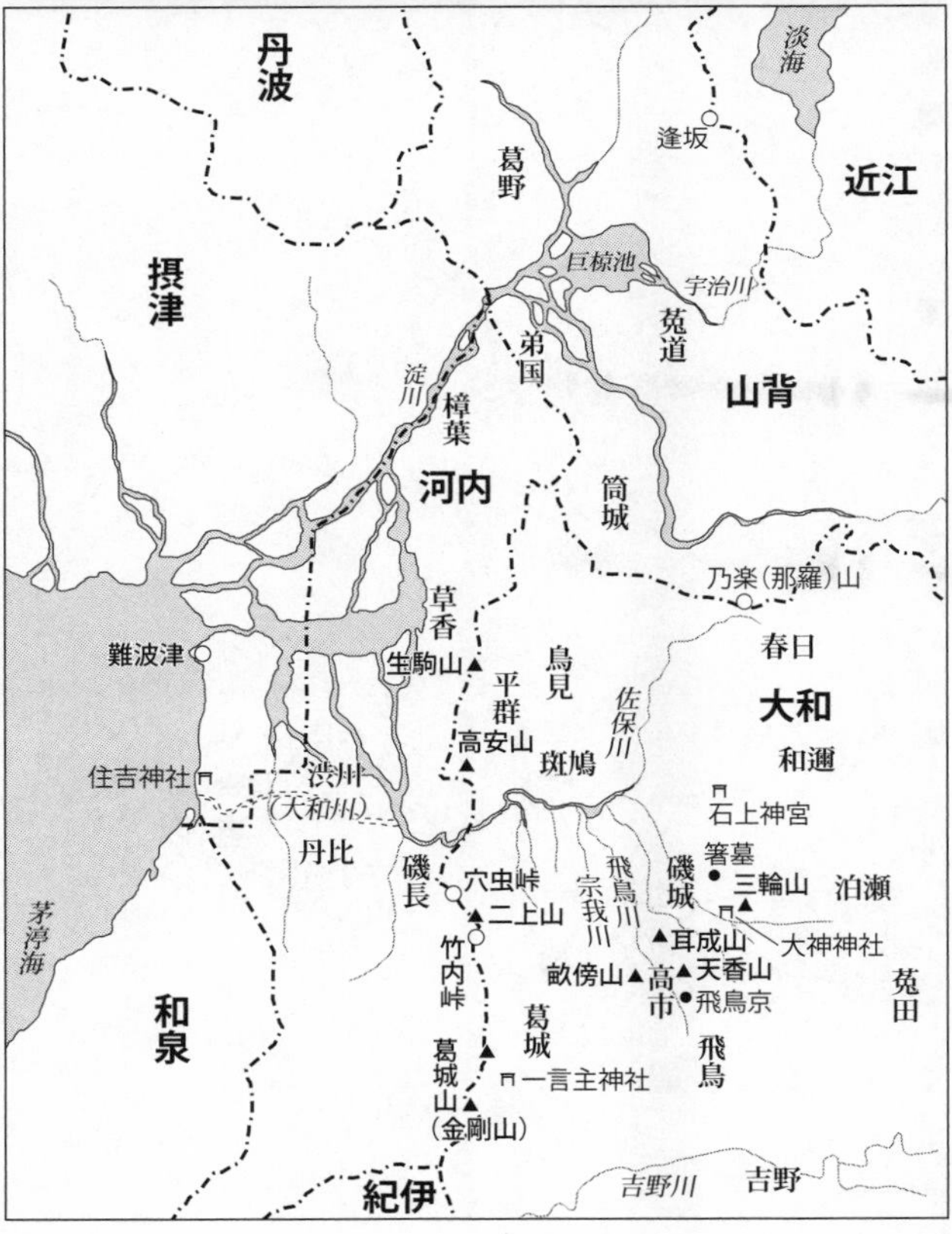
丹波
淡海
逢坂
葛野
近江
巨椋池
宇治川
摂津
苑道
弟国
山背
淀川
樟葉
河内
筒城
乃楽（那羅）山
草香
難波津
生駒山
鳥見
春日
平群
佐保川
大和
高安山
斑鳩
和邇
住吉神社
渋川
（大和川）
石上神宮
丹比
箸墓
磯長
穴虫峠
飛鳥川
宗我川
磯城
三輪山
泊瀬
二上山
耳成山
大神神社
茅渟海
竹内峠
畝傍山
高市
天香山
苑田
飛鳥京
和泉
葛城
葛城山
飛鳥
一言主神社
（金剛山）
吉野川
吉野
紀伊

序章

古代豪族とは何か
——豪族をめぐる基礎知識

豪族の連合体だったヤマト王権

三世紀から四世紀にかけて、奈良盆地南東部の一角に巨大集落が出現した。「古代都市」とも言いえるこの集落の遺跡が、奈良県桜井市の纒向《まきむく》遺跡である。範囲は東西約二キロメートル、南北は約一・五キロメートルに及び、日本最古級の前方後円墳である全長約二八〇メートルの箸墓《はしはか》古墳もこのなかに含まれている。

そして、この地を本拠とした勢力がヤマト王権の萌芽になったと考えられていて、それは同時に、日本という国家のルーツにも位置づけられる。

このヤマト王権の盟主となった一族が天皇家のルーツであり、当初、この一族の長は「天皇」ではなく「大王《おおきみ》」を称号としていたとみられている。天皇号が公的に用いられるようになったのは、七世紀半ば以降のことである。

ヤマト王権の勢力範囲は、初期には狭義のヤマト（漢字では倭、大倭、大和と書かれる）、すなわち現在の奈良県一帯程度だったが、徐々にその範囲を広げ、五世紀後半には東は関東、西は九州北部にいたるまでを一定の支配下におさめた。このようなヤマト王権の支配が及んだ地域もまたヤマトと総称された。日本国の前身である。広義のヤマトは対外的には「倭《わ》国」と呼ばれ、大王は「倭王」と呼ばれたのだった。

纒向遺跡居館跡。背景には三輪山をはじめとして崇神、景行天皇陵（行燈山、渋谷向山古墳）などが望める。

しかし、倭国はまだ国家としては未成熟で、行政や統治のシステムは不完全であり、必ずしも大王あるいは大王家が国土を一元的に管理していたわけではなかった。

そもそも、当初、大王家が纒向の地でヤマト王権を確立しようとしたとき、その周囲には彼らと肩を並べるような地域勢力がいくつも存在していた。

すなわち、「豪族《ごうぞく》」が群雄割拠していたのである。

大王家はそうした豪族たちを制圧し、あるいは彼らと連合しながら力をのばしていった。したがって、初期のヤマト政権は狭義のヤマト（＝大和）やその周辺を拠点とする有力な諸豪族の連合体、つまり豪族合議制のような性格をもち、彼らの中心にいたのが盟主としての大王であったと考えるのが、一般的な理解となっている。

狭義のヤマトだけではなく、広義のヤマト（＝倭国）の各地にも、力をもつ豪族が盤踞《ばんきょ》していた。ヤマト王権に組み入れられた彼らは表面的には大王家に従属していたが、隙あらば反乱を起こしかねない厄介な勢力でもあった。

言い換えれば、倭国に居住した幾多の豪族のなかで最も力をもったものが大王家となり、それが天皇家へと続いていったのである。

厳密に定義しにくい「豪族」という言葉

「豪族」という日本語は意味の広い言葉で、歴史学の分野で厳密な定義がされているわけではない。平安時代後期の文献にはすでに「豪族」という言葉が見出せるようだが、この言葉が「有力な古代氏族」というニュアンスでしばしば用いられるようになったのは、どうやら近代に入ってかららしい。もちろん、『古事記』や『日本書紀』に「豪族」の語があるわけではない。

「豪」という漢字はあらく剛い毛をもつヤマアラシが原義だそうだが、そこから転じて

「有力な人」「強い」「さかん」といった意味をもつ。そうすると、素直に解すれば、「勢力をもった一族」というのが「豪族」の語義となり、古代にかぎらず、さまざまな時代の、さまざまな土地の有力一族が、その対象となりえよう。

しかし、本書を手にとるような人であれば、「豪族」と言えば、物部氏や蘇我氏といった、古代の有力氏族のことをまず思い浮かべるのではないだろうか。

今、手元にある『岩波　日本史辞典』を引いてみると、「豪族」の項には次のように書かれている。

「一般に、古代・中世において、地方の権勢を有する者とその一族のこと。律令《りつりょう》国家以前の段階では、大王のもとに集った大和や河内《かわち》の有力者やその一族も豪族と称している」

「律令国家以前」とは中国にならった古代国家の法典である律令が整備される以前ということで、日本最初の令とされる近江令《おうみりょう》が制定されたのは天智《てんじ》天皇七年（六六八）、本格的な律令である『大宝律令《たいほうりつりょう》』が制定されたのが大宝元年（七〇一）なので、その辺の年代が目安となる（近江令は存在せず、天武《てんむ》天皇十年（六八一）に編纂が開始された飛鳥浄御原令《あすかきよみはらりょう》が最初とする説もある）。本書で言う「豪族」あるいは「古代豪族」とは、この説明にのっとれば、「ヤマト王権成立後、律令国家以前の段階で、中央・地方を問わず、権勢を有した者とその一族のこと」ということになろう。

すなわち、日本がまだ日本とは呼ばれず、統治システムがまだ未成熟だった時代——およそ三、四世紀から七世紀にかけての時代——に、在地を基盤としつつ、ときに反発しながらも中枢にある王権を支えて黎明期のこの国を形作っていった有力な氏族もしくはそのリーダーのことを、本書では豪族と呼んでいる。

そして、そうした豪族の中から、恣意的ではあるが、代表的と思われるもの十氏をピックアップし、私論もまじえながら解説してみた。さらに全体として、「天皇」ではなくあくまで「豪族」という視点から、日本の古代史を俯瞰できるように心掛けたつもりである。

豪族の証しとしてのウジ

いささか小難しい話になってしまうが、本編に入る前に、古代豪族を理解するうえで必須の基礎知識となる、氏《うじ》と姓《かばね》について説明させていただきたい。

まず氏(ウジ)について説明すると、これは共通の祖先から派生したと信じられている男系の血縁にもとづく集団のことである。平たく言えば、「一族」である。そうしたウジのなかでもとくに政治的に有力だったものが、豪族ということになる。

ウジはそれぞれ現代人の苗字にあたる固有名(ウジ名)を称したわけだが、そのウジ名は居住地・本拠地の地名や職掌に多く由来した。地名に拠った例が蘇我《そが》氏や平群《へぐり》氏であり、職掌に拠った例が物部《もののべ》氏や大伴《おおとも》氏である。どんな一族でもウジ名を称することができたわけではなく、王権に奉仕する有力な集団にかぎられ、タテマエとしては、ウジ名は天皇から与えられるもの、あるいは天皇によって称することが認められたものであり、自由に変更することは原則としてできなかった。

ウジのトップである氏上《うじのかみ》はそのウジや職能集団、地域勢力のリーダーであり、ウジのメンバーである氏人《うじびと》を従え、さらにその下には部民《べみん》(後述)がいた。

天皇から有力豪族に授けられたカバネ

ヤマト王権が成長するとさまざまなウジが朝廷に仕えるようになるが、そうなると、多くのウジや氏上の関係を整理して、序列化を行う必要性が生じる。そこで編み出されたのが姓(カバネ)という制度である。

カバネは、各ウジに対して、出自や身分、職掌などにもとづいて天皇の名のもとに授けられた一種の称号であり、原則としてウジ名の下に付され、一族に世襲された。もちろんどんなウジにも授けられたわけでない。カバネをもっているということはその氏族が朝廷から公認されているということであり、それだけで有力氏族、豪族であることの証しである。

代表的なカバネは「臣《おみ》」と「連《むらじ》」で、前者は地域勢力的な性格が強くかつ天皇家との関わりが深い有力なウジに、後者は特定の職能（たとえば軍事や祭祀など）で天皇家に仕えた有力なウジにあたえられた。臣の代表例が蘇我氏、連の代表例が物部氏で、それぞれの氏人は公的には「蘇我臣馬子《そがのおみうまこ》」「物部連守屋《もののべのむらじもりや》」というように、「ウジ＋カバネ＋名前」というスタイルで名のるのを基本とした。

「ウジ＋カバネ」が広義の「姓《せい》」にあたる。平安時代中頃からは、ウジとは別に、朝廷の公認を要さないファミリーネームとしての名字（苗字）が広く用いられるようになる。そして次第にウジや姓《せい》、名字が混同されるようになっていった。

豪族たちに仕えた部民

臣・連のほかには造《みやつこ》・直《あたい》・首《おびと》などのカバネがあったが、これらを与えられたウジには「伴造《とものみやつこ》」と呼ばれる地位もしくは役を負ったものが多い。

伴造とは、端的に言えば、「伴《とも》」や「部《べ》」を統率・管理して朝廷の職務を分掌《ぶんしょう》した首長の

豪族に与えられた主なカバネ(姓)

カバネ	おもな豪族
臣	平群臣、葛城臣、巨勢臣、蘇我臣、吉備臣、出雲臣
連	大伴連、物部連、中臣連、土師連
君	筑紫君、上毛野君、三輪君
直	東漢直、倭直
造	馬飼造、秦造
首	西文首、忌部首

ことである。

「伴」は王や貴人の「お伴」という意味で、おもに天皇家や中央豪族に仕えた下級の官人系集団をさす。「部」は伴に類似し、トモとも読まれるので同一視されることもあるが、伴と区別するなら、伴を改編・拡充した官人や人民の集団をさし、やはり朝廷や中央豪族に所属してさまざまな職業を分掌した。品部《しなべ》(トモべとも読まれる)と呼ばれるものも、だいたいこれと同じ意味である。

このような伴・部を統括した伴造とは、朝廷に奉仕した専門的な職務集団・技術者集団の代表者と言い換えることもできる。現代日本の政治システムでたとえれば、各省庁の高級官僚に相当しようか。そしてこの伴造を務めたウジに、造・直・首などの各種のカバネが朝廷から与えられたのである。

また伴造と対応するように、有力な地方豪族は朝廷から「国造《くにのみやつこ》」という地方官に任じられて一定地域の支配者となり、

与えられた。「国造」自体が一種の称号ともなったが、それとは別に、彼らにも君《きみ》・直などのカバネが

ウジ・カバネと伴造、伴・部の関係や制度はなかなかわかりにづらいのだが、例として「語部《かたりべ》」を挙げてみたい。

自身の体験を直接後世に語り伝えようとする歴史の生き証人を、現代では「語部」と表現することがあるが、本来、語部とは、古代社会で古伝承を語り伝え、公的な儀礼でそれを奏することを職業とした部《べ》のことをさす。そして古代には、中央だけでなく地方にも語部がいて、中央では語造《かたりのみやつこ》、地方では語臣《かたりのおみ》・語直《かたりのあたい》などと称した伴造系のウジによって統率されていたと考えられている。

同様に、鞍部《くらつくりべ》（鞍作部）は馬具の制作を職務とした部だが、彼らを統轄した伴造氏族が村主《すぐり》のカバネを与えられた鞍作氏であった。

部《べ》を広義にとると、このほかに、王権や朝廷の私有民的な色彩の濃い子代《こしろ》・名代《なしろ》、豪族の私有民的な色彩が濃い部曲《かきべ》（民部）などもあった。前出の伴・部を含めたこれら下級の官人・人民は部民《べみん》（ベノタミとも読まれる）と総称される。

政権の中枢をになった大臣・大連とマエツキミ

カバネと出自・官職の関係や序列は必ずしも明確ではないが、臣・連は上位にあり、伴造・国造系のカバネ（造・直・首・君など）はその下に位置する。なお、連姓のウジは、専門的な職務集団の代表者のなかでも特別な有力者という意味において、広義では伴造系のウジに含められる。

おおざっぱに言えば、臣・連姓のウジは貴族的な政治家、各種のカバネを称した伴造系のウジは貴族的な官僚のようなもので、その下に実務を担当する伴や部（部民）がいたという構図になる。

付言しておくと、ややこしいことに、ウジ名が同じであっても、カバネが異なると必ずしも同じウジとはかぎらない。たとえば、物部氏には連姓を称する物部連と、首姓を称する物部首があるが、前者は饒速日命《にぎはやひのみこと》を祖に、後者は天足彦国押人命《あめたらしひこくにおしひとのみこと》（第五代孝昭《こうしょう》天皇の皇子）を祖にしており、ウジ（氏族）としては別個になる。両者が「物部」を称したのは物部連が物部首を支配下に置いたことが関係しているらしく、広い意味では同族とも言えるかもしれないが、ともかくカバネが異なるということは、仮に同じウジ名を冠しても別系統の氏族となるケースもあることには注意が必要である。

朝政に深く関与できたのは臣・連姓をもつ有力豪族で、このなかでも臣のトップが大臣《おおおみ》、連のトップが大連《おおむらじ》という称号を与えられ、天皇を補佐する執政の最高責任者となった。そしてウジ・カバネを賜与できるのは天皇固有の権限であることがポイントで、天皇（大王）や皇族（王族）はウジ・カバネをもたない。つまり、氏姓制度の確立と、天皇家の権威・権力の確立は、表裏一体の関係にあった。

また近年では、およそ六世紀以降には大臣と大連の下に「大夫《まえつきみ》（臣、卿）」と呼ばれる高官からなる有力豪族層（群臣《まえつきみたち》、群卿）が存在し、彼らが政権の中枢を形成したとみる説が有力になっている。マエツキミとは「前つ君」、すなわち天皇に仕える有力豪族・高官の意である。マエツキミを統括したのがオオマエツキミで、大臣の正しい古訓をオオマエツキミとし、大臣をマエツキミ全体のまとめ役とみる説もある（倉本一宏氏）。マエツキミは閣僚、オオマエツキミは内閣総理大臣にたとえられようか。

氏姓制度の確立期は六世紀頃か

このような氏姓制度は、いつ成立したのだろうか。

『古事記《こじき》』『日本書紀《にほんしょき》』には、允恭《いんぎょう》天皇が「乱れていた氏姓の秩序を正した」とする記述があり、これを氏姓制度の成立と結びつける説がある。允恭天皇は実在していたとすれば五世紀頃の人だ。ただし、この時期の記紀（『古事記』と『日本書紀』のこと）の記述はまだ伝説色が濃く、史実をそのまま反映したものとみなすことは難しい。

考古資料をみると、注目されてきたのは埼玉県行田《ぎょうだ》市の埼玉《さきたま》古墳群内の稲荷山《いなりやま》古墳から出土した鉄剣の銘で、ここに原初的なカバネが確認できるとする見方がある。

その鉄剣は、銘文によれば「獲加多支鹵大王《わかたけるのおおきみ》（雄略《ゆうりゃく》天皇）」に「杖刀人首《じょうとうじんのかしら》」として仕えた「乎獲居臣《おわけのおみ》」が「辛亥《しんがい》年（四七一年）」に作らせたもので、次のように整理できる、八代に及ぶ一族の系譜も記されていた。

意冨比跪《おおひこ》―多加利足尼《たかりすくね》―弖已加利獲居《てよかりわけ》―多加披次獲居《たかはしわけ》―多沙鬼獲居《たさきわけ》―半弖比《はてひ》―加差披余《かさはや》―乎獲居臣《おわけのおみ》

雄略天皇は允恭天皇の皇子で、四七八年に中国南朝の宋《そう》へ遣使した「倭の五王」の一人である武《ぶ》に比定され、五世紀後半に実在したことは間違いない。

ここに見られる人名のうち、三〜五代目と八代目には「ワケ」というカバネを思わせる表記があるが、ワケ（別）はスクネ（宿禰）などと同じく古い時代には尊称のようなかたちでも用いられていたとみられるので、カバネと即断することはできない。そもそも、この銘文には名前はあるがウジ名が見当たらない。これを作らせた一族にとってはウジは自明のものだったので刻されなかったという見方も成り立つが、まだウジを有していなかった蓋然性のほうが高いだろう。

いちばんの問題はこの剣を作らせて雄略帝に仕えたという「オワケノ臣」の「臣」である。これはカバネの臣にあたると考えてしまうところだが、臣も古くは尊称的に用いられていた。また近年ではこの「臣」を「巨」とみなし、全体を「オワケコ」という人名として読む説も有力視されている（森公章「稲荷山鉄剣銘の衝撃」、『発見・検証　日本の古代II　騎馬文化と古代のイノベーション』所収）。つまりカバネの「臣」とは無関係とする見方だ。

そうなると、この鉄剣銘からはウジもカバネも確認できないということになり、五世紀後半の雄略朝にはまだ氏姓制度は確立していなかった、という結論が導かれる。

現在のところ、考古資料のなかで、氏姓制度に加えて部民制度の存在をも確証する最古級のものとして知られているのは、島根県松江市の岡田山一号墳（六世紀後半）から出土した鉄剣銘である。その銘文には「額田部臣《ぬかたべのおみ》」という表記があるが、これは、「額田部」と呼

銘文に「額田部臣」の表記のある鉄剣が出土した岡田山古墳。

ばれた部を統率した、「臣」のカバネをもつ豪族のウジ名をさしていると考えられている。

このようなことからすると、氏姓制度は、萌芽は五世紀にあったかもしれないが、確立したのは六世紀に入ってから、と考えるのが妥当なところだろう。

豪族時代の終焉をもたらした天武《てんむ》朝の「八色の姓」

天武天皇十三年（六八四）、旧来の氏姓制度は大きな転機を迎える。天武天皇が制定した「八色《やくさ》の姓《かばね》」によって、数多くあった従来のカバネが真人《まひと》・朝臣《あそん》・宿禰《すくね》・忌寸《いみき》・道師《みちのし》・臣・連・稲置《いなぎ》の八種に再編成されたからである。天武天皇はこの改革によって新たな政治

天武天皇が営んだ飛鳥浄御原宮《あすかきよみがはらのみや》跡。

的秩序を築こうとしたのだった。そしてそのことは結果的に、古来の豪族の権威を弱体化させてゆくことにもなったのである。

さて、次章から本編に入るが、その前にいくつか断り書きをしておきたい。

本書が文献資料として最も基礎に置いているのは『日本書紀』と『古事記』である。『日本書紀』は、養老四年（七二〇）に完成した日本初の正史（勅撰《ちょくせん》の歴史書）だ。一方の『古事記』は、その序文によれば和銅五年（七一二）に太安万侶《おおのやすまろ》によって元明《げんめい》天皇に撰進された歴史書だが、近年はこの序文を偽作とする見解が注目を集めている。そのため、成立年の見直しが迫られているが、本文部分については

『日本書紀』よりも以前に編まれたものであることは間違いない。

先にも触れたように、天皇号が用いられるようになったのは七世紀半ば以降で、それまでは大王号だったとするのが通説だが、本書では読みやすさを優先して、七世紀半ば以前についても「～天皇」と表記し、合わせて「皇子」「皇女」などの称も用いている。

また、これもすでに触れたように、氏姓制度が確立されたのが六世紀以降だとすると、それ以前の一族はカバネはもとより正式なウジももたず、名前だけであったということにもなる。たとえば、『日本書紀』に四世紀末頃の葛城《かずらき》氏のリーダーとして言及される葛城襲津彦《かずらきのそつひこ》の場合、「葛城」はソツヒコという人物を特定するための居住地名とみなすべきで、ウジとは区別すべきということになろうが、本書ではそのような呼称でもウジの前身、あるいは広義のウジととらえて表記している。また、人物名はカバネを入れて記すのが正式だが、本書では原則としてカバネ表記を略した。

「畿内《きない》」という言葉は宮都とその周辺をさし、具体的には山背《やましろ》・大和《やまと》・河内《かわち》・摂津《せっつ》・和泉《いずみ》にわたる区域をさす。現代の京都府・奈良県・大阪府と兵庫県南東部にあたる地域である。

「大和《やまと》」「大和国《やまとのくに》」は現在の奈良県にあたる地域をさしている。

古墳時代の五世紀代までは「ヤマト王権」、文献資料の史実性が高まる六世紀以後（継体朝以後）は「ヤマト朝廷」とおおむね書き分けたが、前者を後者を含む広い意味で用いている場合もある。

本書後半で古代氏族に関する基礎史料『新撰姓氏録《しんせんしょうじろく》』にたびたび言及するが、この文献について簡単に説明しておきたい。『新撰姓氏録』は弘仁《こうにん》六年（八一五）、桓武《かんむ》天皇皇子の万多《まんた》親王、右大臣《うだいじん》藤原園人《そのんど》らによって撰上されたもので、平安京・畿内に居住する氏族の系譜が記録されている。三十巻と目録一巻からなるが、完本は伝わっておらず、現存するのは抄録本である。総計千百八十二の氏族の系譜が、皇別《こうべつ》（歴代天皇の子孫と伝えられる氏族）、神別《しんべつ》（天神地祇《てんじんちぎ》の子孫と伝えられる氏族）、諸蕃《しょばん》（朝鮮や中国出身と伝えられる氏族）に大別され、さらに地域で細分されて列挙されている（ただし、「未定雑姓《みていのぞうしょう》」という補遺的な巻もある）。ほとんどは始祖の名を記す程度の単純な記載だが、なかには『古事記』『日本書紀』にはみられないような古伝承が記されるものもあって、興味深い。

また、本書で引用している『古事記』『日本書紀』をはじめとした古典資料の「原文」とは、正しくは「原文（漢文）の訓み下し文」である。

第一章

葛城氏

——葛城山の麓に盤踞した大王家最大のライバル

葛城山の東麓を拠点した葛城氏

奈良県御所《ごせ》市の西部には、水越峠《みずこし》をはさんで、北に標高九五九メートルの葛城《かつらぎ》山、南に一一二五メートルの金剛《こんごう》山の二峰がそびえ、大阪府との境をつくっている。奈良盆地に身を置いて南西方向を望めば、おのずと視界に入ってくる豊かな山塊である。古代には、この葛城山・金剛山の双方（葛城連山）を合わせて「葛城山」と呼んでいた。ちなみに、「葛城」の読みは現代は「かつらぎ」が正しいが、古代には「かずらき」と読まれた。

この葛城山（現在の葛城連山）とその北側に竹内峠を挟んでそびえる二上《にじょう》山を含んだ山系の東麓で、曽我《そが》川（大和川の支流）を東限とした一帯に対する、古代における通称が「葛城《かずらき》」である。現在の地名で言えば、北葛城郡・香芝《かしば》市・大和高田《やまとたかだ》市・葛城市・御所《ごせ》市にわたる地域である。

葛城という地名については、『日本書紀』の神武《じんむ》天皇即位前紀に起源説話がみえる。

「東征を進めて神武が奈良盆地に入ったとき、当時は高尾張邑《たかおわりのむら》と呼ばれた葛城の地には、土蜘蛛《つちぐも》と賤称された先住民がいた。そこで神武軍は葛《かずら》（蔓草）で網をつくり、それで不意に土蜘蛛を襲って殺した。そのため、その邑の名は葛城と改められた」

蔓草は草木にからみついて山野にはびこるが、たとえば蔓草のうちのクズは肥大した根が葛粉《くずこ》の原料に、茎の繊維が葛布《くずふ》の原料となる。そんな蔓草が多く繁茂していたことから葛城の地名が生まれたのだろうか。それは、未開の原野が広がっていたことをも示唆しよう。

この葛城を本拠地とした大豪族が、葛城《かずらき》氏であった。

朝鮮半島外交で活躍した葛城襲津彦

葛城氏の始祖は、葛城襲津彦《かずらきのそつひこ》とされている。『日本書紀』は襲津彦の父をとくに記していないが、『古事記』の孝元《こうげん》天皇段によれば父は建内宿禰《たけうちのすくね》(『日本書紀』では武内宿禰と書かれる。以下、「武内」で統一)、母は『紀氏家牒《きしかちょう》』(紀氏の系譜を記したもので、奈良時代末〜平安時代初期の成立と考えられる)の逸文《いつぶん》によれば葛城国造《かずらきのくにのみやつこ》荒田彦《あらたひこ》の娘葛比売《かずらひめ》だという。なお、葛城地方の豪族には高御魂命《たかみむすびのみこと》の五世孫剣根命《つるぎねのみこと》を祖とする葛城氏もあるが、こちらは直《あたい》をカバネとしたウジで、本章がテーマとする武内宿禰系の葛城氏とは別系統と考えられる。前掲の荒田彦は直姓の葛城氏の遠祖の一人とみられる。

武内宿禰は、『古事記』によれば第八代孝元天皇の子比古布都押之信命《ひこふつおしのまことのみこと》の子だが、『日本書紀』では彦太忍信命《ひこふつおしのまことのみこと》（＝比古布都押之信命）の孫となっていて、所伝にずれがみられるが、重要なことは、『古事記』が武内宿禰を、葛城氏だけでなく、蘇我《そが》氏、平群《へぐり》氏、紀《き》氏など、いくつもの有力な古代豪族の始祖に位置づけている点である。つまり彼は、古代の有力氏族という扇の要《かなめ》になぞらえられた人物であった。

もっとも、武内宿禰については、景行《けいこう》・成務《せいむ》・仲哀《ちゅうあい》・応神《おうじん》・仁徳《にんとく》の五天皇に仕えて異常な長寿を保っていることなどを理由として、理想的な忠臣として造作された、実在性の薄い伝説的人物とみるのが有力となっている。名前の「宿禰」も、有力氏族の初期の人物にしばしばみうけられるもので、固有名詞というよりは、称号や敬称のような印象がある。

ところが、その息子とされる葛城襲津彦については、実在性が高いと言われることが多い。それは、彼の名が、日本だけでなく、外国の史料にも登場しているからだ。

まず『日本書紀』をひもとくと、襲津彦は、神功《じんぐう》皇后（第十四代仲哀天皇の皇后）、第十五代応神天皇、第十六代仁徳天皇の時代に朝鮮半島に派遣された、王権の側近的人物として登場する。

神功皇后摂政五年条では、皇后の命で新羅《しらぎ》の征討に派遣され、捕虜を連れて帰還した。その捕虜たちは「桑原・佐糜《さび》・高宮《たかみや》・忍海《おしぬみ》」の四村、要するに葛城地方に住み着いたという。また六十二年条でも、襲津彦は新羅征討に派遣されている。

応神天皇十四年条・十六年条には、百済《くだら》から来日した弓月君《ゆづきのきみ》が加羅《から》（朝鮮半島南部の小国連合）に残してきた人夫《たみ》を呼び寄せるために同地に派遣される話が記されている。また、仁徳天皇四十一年三月条には、百済王が日本から派遣された紀角宿禰《きのつののすくね》に対して無礼を働いた百済王族酒君《さけのきみ》を処罰し、襲津彦に託して日本に進上するというくだりがあるので、このときもまた、襲津彦は百済に遣わされていたのだろう。

どれも軍事・外交関係の記事ばかりで、内政関係がないというのが特色である。

襲津彦と同一人物視される『百済記』の沙至比跪

このなかで注目すべきは神功六十二年条で、本文のあとに、「『百済記《くだらき》』に云はく」として、次のようなことが注記されている。

「壬午年《じんご》に倭国は沙至比跪《さちひく》を新羅に遣わして討伐させたが、新羅人が港で美女二人に迎えさせて沙至比跪をだまし、美女に誘惑された沙至比跪は反対に加羅国を討伐し、加羅国の王たちは人民を連れて百済に逃亡した。このことを知った天皇は激怒した」

『百済記』は百済の史書だが、原本は散逸し、逸文が『日本書紀』に見えるだけである。

ここに言及される「天皇」とは、文脈からすると神功皇后もしくはその子の応神天皇をさすと思われるが、沙至比跪については、襲津彦のこととみるのが有力である。『日本書紀』編述者も、そう考えたからこそ『百済記』をわざわざここで引用したのだろう。文中の「壬午年」は西暦三八二年にあたると考えられている。

『百済記』については、単純に百済で成った文献ではなく、日本に亡命した百済人が持参した記録を編集したものだ、などといった説も出されているが、とにかく百済系の史料に依拠したものであることは間違いないだろう。そこで、襲津彦＝沙至比跪とすれば、襲津彦は『日本書紀』だけでなく、それとは全く別系統の外国の史書にも登場しているということになるわけで、実在の可能性が高まり、『日本書紀』の所伝も史実性が高いということになる。

こうして、四世紀末を中心に活躍した軍事・外交のプロパーという襲津彦の実像が浮かび上がってくる。

ところで、先の神功六十二年条は、『百済記』の引用につづけて、「一《ある》に云はく」として、つまり異説として、「沙至比跪は天皇の怒りを知って帰国し、身を隠したが、天皇が沙至比跪の罪を許していないことを宮中に仕える妹を介して知ると、岩穴に入って死んだ」というエピソードも記している。

この記述は、『百済記』にあったものなのか、それとも別の史料にもとづくものなのかが判然とせず、また襲津彦がこの後の応神朝・仁徳朝まで活躍したとする『日本書紀』本文の記述と矛盾を生んでいる。『日本書紀』の襲津彦に二代目、三代目の人物像が混在している」「沙至比跪と襲津彦はやはり別人」といった場合もありうることは考慮しておくべきだろう。

天皇の外戚となった葛城氏

襲津彦には、実在性が高い葛城氏の始祖であることのほかに、もう一つ重要な要素がある。それは、娘の磐之媛命《いわのひめのみこと》が仁徳天皇の皇后となったことだ。

もっとも、天皇の正妻の称が「皇后」と正式に定められたのは七世紀後半に律令制が整備されてからと言われているので、仁徳朝に皇后号が実際に存在したとは考えられず、この時代の「皇后」があくまで後世の位置づけであることには注意を要するが、葛城氏の娘が天皇の正妻的地位に迎えられたということは、大きな意味をもつ。

しかも、磐之媛命は仁徳とのあいだに四人の皇子をもうけ、そのうちの三人が順次、皇位に就いている。第十七代履中《りちゅう》天皇・第十八代反正《はんぜい》天皇・第十九代允恭《いんぎょう》天皇である。このうちの履中天皇は、襲津彦の孫（襲津彦の子葦田宿禰《あしたのすくね》の娘）にあたる黒媛《くろひめ》を妃としている。これを機に葛城氏は天皇家の有力な外戚となって五世紀まで繁栄が続き、物部《もののべ》氏や蘇我氏が台頭する以前の、ヤマト王権を代表する有力豪族となった。

ところで、磐之媛命は気性がはげしく、たいへんな焼き餅焼きだったらしい。たとえば『古事記』仁徳天皇段は、「皇后は非常に嫉妬深いので、天皇が召そうとする妃たちは宮中に入ることもできず、天皇が他の女性を召したと噂が立つと、皇后は足をばたつかせて嫉妬した」と、やや滑稽味を漂わせながら評している。『古事記』はこれに続けて、「天皇が見目《みめ》麗しいと評判の黒日売《くろひめ》を召し入れたが、黒日売は皇后の嫉妬深いことを恐れて、国元の吉備《きび》に逃げ帰ってしまった」というエピソードも記す。

磐之媛命は最終的には夫に愛想をつかし、難波《なにわ》の高津宮《たかつのみや》を出て山背《やましろ》（京都府南部）に移り住み、天皇が迎えに来ても会おうともせず、死ぬまでそこに留まったという。

浮気性の夫と嫉妬深い妻をめぐる物語は、古代天皇の歴史にどこか人間的なぬくもりを与えているが、妻に頭の上がらない天皇の姿から、磐之媛命の実家である葛城氏の権勢の大きさを読み取ることも可能だろう。皇室以外の出身で皇后を称した女性は、奈良時代に藤原氏出身の光明《こうみょう》皇后が出るまでは磐之媛命が唯一だったことも、葛城氏の存在感の大きさを物語る。

葛城氏の歴史を実証する遺跡と古墳

葛城氏の繁栄は、近年、発掘調査が進んだ葛城南部地域の遺跡や古墳からも明らかになりつつある。

御所市池ノ内・條《じょう》の秋津《あきつ》遺跡では、古墳時代前期(四世紀前半)の大型建物跡が複数みつかっていて、葛城氏の居館や祭祀関連施設との見方が出されている。

秋津遺跡から南西に一キロほどの場所にある室宮山《むろみややま》古墳(御所市室)は全長二三八メートルの大型前方後円墳で、五世紀はじめ頃の築造と推測されている。武内宿禰の墓とする伝承もあったが、築造時期や葛城南部で最大規模であることから、現在では襲津彦が被葬者として有力視されている。平成十年(一九九八)の台風の強風で墳丘上の樹木が何本も引き倒されたが、その根にからまって多くの遺物が出土し、そのなかに朝鮮半島由来と考えられる陶質土器があったことも注目された。

室宮山古墳の南西、金剛山東麓の扇状地には、五世紀代を中心とした巨大な南郷《なんごう》遺跡群

葛城襲津彦の墳墓と推定されている奈良県御所市の室宮山古墳《むろみややまこふん》。

が展開している。この遺跡群を構成しているのは、大型掘立柱《ほったてばしら》建物や楼閣状の高層高床建物が検出された極楽寺ヒビキ遺跡、祭殿と考えられる大型掘立柱建物が検出された南郷安田《やしだ》遺跡、大型の導水施設が検出された南郷大東《おおひがし》遺跡、金属製品やガラス製品の生産工房が検出された南郷角田《かどた》遺跡、複数の大規模な高床倉庫が検出された井戸大田台《おただ》遺跡などである。これらの遺跡は、年代的には襲津彦の時代と必ずしもぴったり重なるわけではないが、葛城氏が営んだものと考えてまず間違いない。おそらく葛城氏の本拠地であり、往時には首長の居館・祭祀施設・工房・倉庫などが建ち並び、葛城王都のごとき風景が広がっていたのだろう。

葛城氏との結びつきがじつは曖昧な葛城の古社

葛城には歴史の古い神社が多いが、これらも葛城氏の栄華の名残りなのだろうか。

葛城氏が拠点とした葛城南部地域は、古代の律令制下では大和国葛上《かずらきのかみ》郡に属したが、ここには式内社《しきないしゃ》が十三社もある。

式内社とは、延喜《えんぎ》五年（九〇五）に編纂が開始され延長《えんちょう》五年（九二七）に完成した法典『延喜式《えんぎしき》』の「神名《じんみょう》」巻に記載されている神社のことである。「神名」巻は「（延喜）神名式」とか「神名帳」などとも呼ばれるが、ここには朝廷が管轄する諸国の神社、つまり式内社の名称が地域ごとに列記されている。式内社とは、要するに平安時代前期までに官社として国に認定されていた神社であり、由緒ある神社であることの重要なバロメーターとなっている。

そして葛上郡の十三の式内社の内訳をみると、格式の高い大社が八社、小社が五社となっている。さらに八つの大社のうち六社が名神社《みょうじんしゃ》となっている。名神社とは、神社のなかでもとくに由緒正しく霊験《れいけん》あらたかとされた神社を指す社格の一種で、国家から特別な奉祀を受けた。同じ大和国に属する城上《しきのかみ》郡は、日本最古の神社と言われる大神《おおみわ》神社（桜井市三輪）を擁し、ヤマト王権発祥の地とも言われる地域だが、同郡の名神社が三社にすぎ

葛城氏主要系図

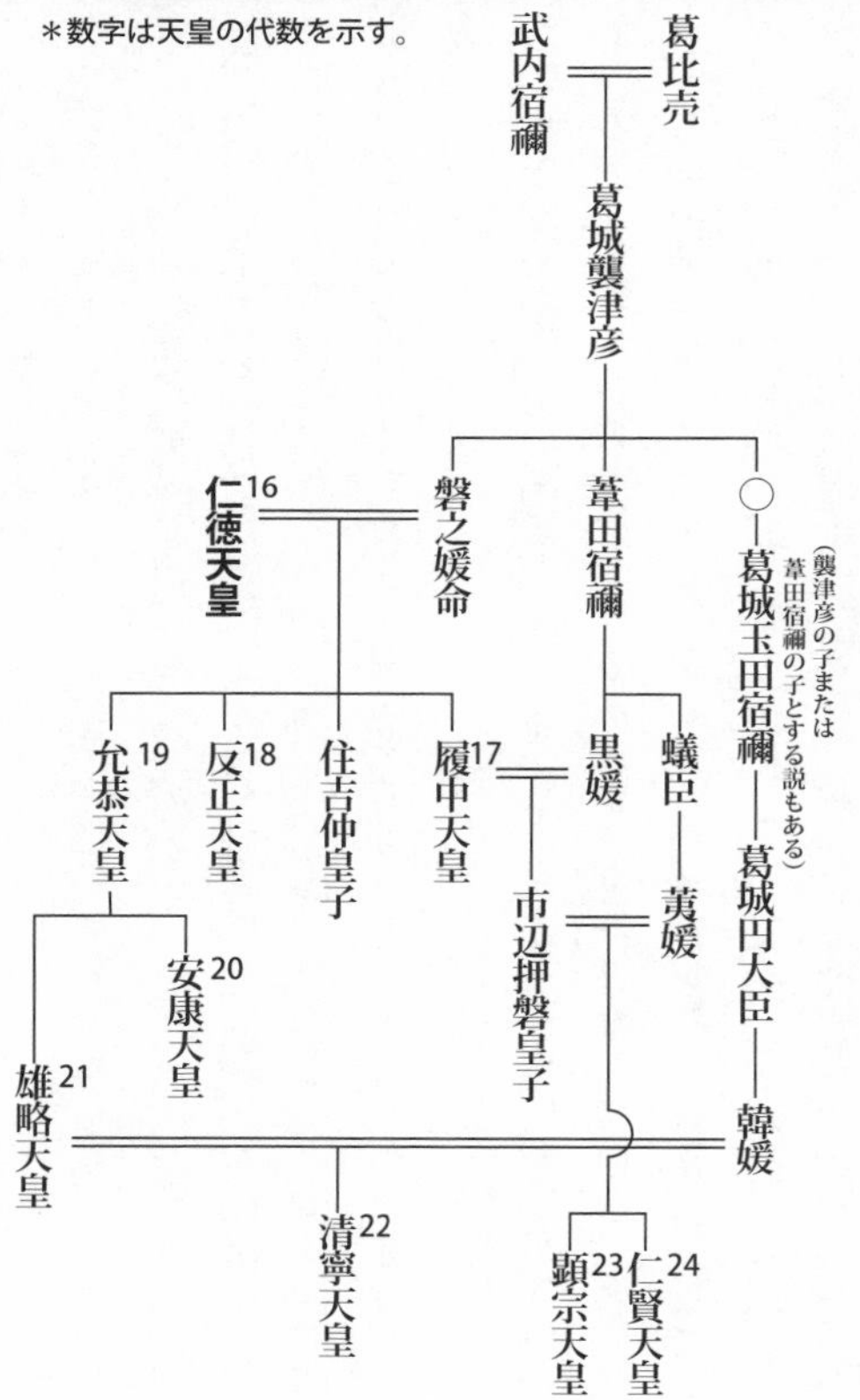

ないことを考えると、六社という数がもつ意味は大きい。

その六社の名をあげると、鴨都味波八重事代主命《かものつみはやえことしろぬしのみこと》神社（鴨都波《かもつば》神社）、葛木御歳《かずらきのみとし》神社、

葛木坐一言主《かずらきにますひとことのぬし》神社（葛城一言主神社）、葛木水分《かずらきのみくまり》神社、高天彦《たかまひこ》神社、高鴨阿治須岐託彦根《たかかものあじすきたかひこねの》命《みこと》神社（高鴨《たかかも》神社）、となる。

一見すると、これらの古社の存在は葛城氏が神祇祭祀を尊重したことのあらわれのように映る。しかし、これらがどれも葛城氏にそのまま結びつくのかというと、なかなかそうとも言い切れない。

まず鴨都波神社（御所市宮前町）と高鴨神社（同市鴨神）は、葛城氏ではなく、葛城系の賀茂（鴨）氏によって奉斎された神社であり、中鴨社の異称もある葛木御歳神社（同市東持田）も賀茂氏系とみられる神社である。

葛城系賀茂氏は、『古事記』に大物主神《おおものぬしのかみ》の子孫意富多多泥古《おおたたねこ》の末裔と記される氏族で、大物主神を祀るのが大和の三輪山《みわやま》をご神体とする大神神社である。早くに三輪山方面から葛城へ移住し、葛城氏が繁栄した時代に葛城の祭祀を管掌していた可能性も考えられるが、五世紀に葛城氏が凋落して以降に、進出してきた可能性もあろう。いずれにしても、賀茂氏系の葛城の神社は、葛城氏とは直結しない。

金剛山東麓の高天彦神社（御所市北窪）は高皇産霊神《たかみむすひのかみ》を祀るが、こちらは同神の五世孫剣根命を祖とする直姓の葛城氏の氏神《うじがみ》だろう。

葛城氏の本拠地と目される極楽寺ヒビキ遺跡の西方上、金剛山系白雲岳の麓に鎮座して高皇産霊神《たかみむすひのかみ》を祀る高天彦神社《たかまひこじんじゃ》。

葛城一言主神社（御所市森脇）は、狭義の葛城山（現在の葛城連山の北峰）の東麓に鎮座する。神社としての創始は天平宝字《てんぴょうほうじ》八年（七六四）まで下るとする説もあるが（『釈日本紀《しゃくにほんぎ》』）、託宣を司る神とされる祭神の一言主神《ひとことぬしのかみ》は葛城の地主神《じぬしがみ》ともみられている。

記紀には、葛城氏を衰亡させた第二十一代雄略天皇が葛城山で遊猟した際、一言主神（一事主神）と遭遇し、この神に服従する、あるいは神と和合するという有名な説話がある。この説話に対しては、一言主神は元来は葛城氏が奉斎していた神で、天皇家がこの神の祭祀権を没落した葛城氏から奪ったことを寓意している、

一言の願いならなんでも叶えてくれる神として、地元で「一言《いちごん》さん」の呼び名で親しまれている葛城一言主神を祀る葛城一言主神社は、一言主神が雄略天皇の前に顕現した地に建立されたと伝わり、葛城氏とヤマト朝廷の対立を偲ばせる。

という見方がしばしばなされている。

そうだとすれば、葛城一言主神社は葛城氏とゆかりの深い神社となるが、神社そのものが葛城氏の全盛期にすでに存在していたかどうかは定かではない。また、一言主神を高鴨神社に祀られる阿治須岐託彦根神の分霊とみる説もある(『大和志料』)。

ちなみに、葛上郡の式内小社の一つに長柄《ながら》神社があるが(御所市長柄)、地名の長柄はもとはナガエと呼ばれていたと言われている。襲津彦は『古事記』では「葛城長江曾都毘古《ながえのそつびこ》」と書かれるが、この名前の中の長江はおそらく地名のナガエであり、長柄神社のあるあたりが彼の生地だったのではないか。一言主神社にも近い場所である。

葛城の古社には、葛城氏の信仰の痕跡というよりは、衰亡した葛城氏の鎮魂という性格をもったものも少なくないのではないだろうか。

雄略天皇に殺された葛城円大臣

葛城氏では、襲津彦の次は、子の葦田宿禰や、襲津彦の子または孫とされる葛城玉田宿禰《たまたのすくね》が氏上《うじのかみ》的な地位にあったと思われるが、早くも玉田宿禰の時代に衰亡の兆しがあらわれる。『日本書紀』によれば、允恭天皇五年、天皇は玉田宿禰に、先帝反正の殯《もがり》を執り行うことを命じた。殯とは、貴人の遺体を納めた棺を喪屋などに安置して弔う儀礼のことである。だが、玉田宿禰は職務を怠けて酒宴にふけり、そのことが明らかになると先祖の墓域に逃げ込むが、結局は天皇の兵によって誅されてしまった。玉田宿禰についてはこの事件以外はほとんど不明である。

この次の世代の葛城氏のリーダーが、葛城円大臣《つぶらのおおおみ》である。

記紀には彼の親についての記載はないが、平安時代に入ってから書き継がれだした官員録『公卿補任《くぎょうぶにん》』によれば、玉田宿禰の子であるという。

『日本書紀』によると、円大臣は履中天皇の時代に蘇我満智《まち》・物部伊莒弗《いこふつ》らとともに国事を執って政権の中枢をになった。当時は玉田宿禰はまだ壮年だったはずだが、葛城氏のホープとして抜擢されたのだろうか。彼の名に付された「大臣」は後にヤマト朝廷における最高執政官（臣姓のトップ）の称となったが、彼の時代にはまだ氏姓制度は未成熟であり、「大臣」の語がそのような意味で用いられていたとは考えにくい。当時は、ヤマト王権幹部に対する称号・敬称のようなものであったとみるべきだろう。

履中後も反正・允恭と葛城氏の血を引く天皇が続き、そのあとは允恭の子の第二十代安《あん》康《こう》天皇が即位する。

ところが安康天皇三年八月、天皇は、大草香皇子《おおくさかのみこ》の子眉輪王《まよわのおおきみ》によって暗殺されてしまう。父大草香皇子が冤罪によって天皇の兵に殺されたことを恨んだ眉輪王が、敵討ちをしたのだった。

さらに『日本書紀』によると、安康の同母弟である大泊瀬皇子《おおはつせのみこ》（後の雄略《ゆうりゃく》天皇）がこれを知って激昂し、眉輪王を問いただすが、眉輪王は、大泊瀬皇子に暗殺の黒幕と疑われた坂《さか》合黒彦皇子《いのくろひこのみこ》（大泊瀬皇子の同母兄）とともに、円大臣の家へ逃げ込む。

二人をかくまった円大臣は、攻め込んできた大泊瀬皇子に対してこう訴えた。

「たとえ死罪にあうとしても、私を信頼して逃れてきた二人を引き渡すつもりはありません。私の娘と葛城の領地を献上しますので、どうかこれを贖罪《しょくざい》としてください」

だが、大泊瀬皇子は決して許しを与えず、無情にも円大臣の家に火を放った。そして円大臣は、眉輪王、坂合黒彦皇子とともに焼き殺されてしまう。

眉輪王はとくに葛城氏の血を引いているわけではないので、彼が円大臣を頼るのは不自然であり、この事件を創作・捏造とする説もある。だが、当時の葛城氏が天皇家に物申すこともいとわない大豪族であったので、その庇護を求めて逃げ込んだのだろうとごく単純に考えれば、辻褄は合おう。――もっとも、天皇暗殺事件の黒幕がじつは天皇家の切り崩しをねらう円大臣だったとしたら、話はまったく別となるが。

先に触れた、葛城氏の本拠の一つだったとみられる極楽寺ヒビキ遺跡からは、大型建物の遺構に加えて、火災が要因とみられる赤い土も見つかっている。屋敷とともに炎のなかに消えた葛城一族の悲劇を証言しているのだろうか。そこは、北側に奈良盆地を広く一望できる佳景の地である。

五世紀には没落していた葛城氏

円大臣の悲劇をもって、葛城氏は没落をはじめた。

事件後も、円大臣の娘韓媛《からひめ》を母とする第二十二代清寧《せいねい》天皇、葦田宿禰の孫荑媛《はえひめ》を母とする第二十三代顕宗《けんぞう》天皇・第二十四代仁賢《にんけん》天皇など、葛城氏系の天皇はあらわれているが、これ以後、葛城氏そのものが歴史の表舞台で華々しく活躍することはなくなった。例外は、崇峻《すしゅん》朝(六世紀末)に征新羅《しらぎ》軍の大将軍に任じられた葛城烏那羅《おなら》ぐらいだろう(この時期、葛城氏は臣《おみ》のカバネを得ていた)。

円大臣時代の記紀の記事を西暦年代に正確に当てはめることは難しいが、大泊瀬皇子＝雄略天皇がおよそ五世紀後半に活躍した人物であることは考古学的にもほぼ実証されているので、円大臣の焼殺事件は五世紀半ば頃と推定できよう。襲津彦が四世紀末の人だったとすれば、葛城氏の栄華は百年未満で終わったことになる。

葛城氏が繁栄した要因としては、ヤマト王権揺籃の地となった奈良盆地の要地である葛城にしっかりと地盤を築いたこと、天皇家の外戚となったこと、外交を管掌して渡来文化を積極的に摂取できたこと、などが考えられよう。一方、奈良盆地南東部を拠点とした天皇家からすれば、隣接区域を支配する葛城氏を姻戚関係を結ぶことで自分たちの勢力に取り込むことには、大きなメリットがあったはずである。

このような好条件が揃っていたにもかかわらず、葛城氏の栄華がさして長続きしなかったのはなぜだろうか。

記紀を読むかぎりでは、襲津彦と円大臣以外には、葛城氏の男性陣にあまり優秀な人材がいなかったようにみえる。また、智略にも長けた梟雄であった雄略天皇の勢威に、一気に呑み込まれてしまったという側面もあろうか。

だが、四～五世紀はヤマト王権もまだけっして盤石なものではなかった。もし、勢いを得た葛城氏が天皇家を圧倒するというような展開にでもなっていれば、葛城大王朝が誕生し、一言主神を覇者とする壮大な神話が紡がれていたことだろう。

第二章

物部氏

――独自の降臨伝承をもつ畿内の名門豪族

記紀に明記された物部氏祖先伝承

後に神武《じんむ》天皇と呼ばれることになる神日本磐余彦尊《かむやまといわれびこのみこと》が、都にふさわしい土地を東方に求めて九州を発ち、海路をへてようやく河内《かわち》（大阪府南東部）に上陸したとき、その一帯はすでに長髄彦《ながすねびこ》という名の土豪によって支配されていたという。

『日本書紀』によると、そのとき自分の領地が侵略されると疑った長髄彦は、軍を率いて磐余彦とその一行を急襲した。磐余彦たちはいったん退却を余儀なくされ、紀伊半島を迂回して、熊野から再び上陸をはかった。そして、山道を抜けてついに大和国に入った。

ところが、ここでも磐余彦は待ち受けていた長髄彦の迎撃に遭う。しかし、今度は金色に輝く鵄《とび》の助けを得て優勢となった。すると、長髄彦は磐余彦のもとに使者を遣わし、こう伝えた。

「私は、その昔、天磐船《あまのいわふね》に乗って天降《あまくだ》った天《あま》つ神《かみ》の御子饒速日命《にぎはやひのみこと》に仕える者だ。そなたも天つ神の御子だと称しておるが、偽物ではないのか」

長髄彦は、すでに自分の妹を饒速日命のもとに嫁がせていて、二人のあいだには可美真手命《うましまでのみこと》という子供も生まれていた。

一方の磐余彦は、「天つ神の御子も大勢いる。おまえが仕える饒速日命が本当に天つ神の御子なら、しるしとなる神宝をもっているはずだ。それを見せろ」と応じた。

すると、長髄彦が饒速日命の持ち物だという天羽羽矢《あまのははや》と歩靫《かちゆき》（矢を入れる道具）を持ってきて、誇らしげに差し出した。

磐余彦は驚いた。それはたしかに天つ神の御子でなければ所持できない神宝だったからである。しかも、磐余彦自身もそれと同じものを持っていた。

長髄彦も、磐余彦から彼のもつ神宝を見せられると、磐余彦が天つ神の御子であることを知って恐れかしこまった。しかし、それでも長髄彦はあくまで饒速日命を奉じ、戦いをやめようとはしなかった。

ところが、ここで事態が急展開する。

饒速日命があっさり長髄彦を裏切り、彼を殺害してしまったのである。あまつさえ長髄彦の手兵を率いて、ついさっきまで宿敵であった磐余彦に帰順してしまった。

磐余彦は饒速日命の忠誠をたたえ、彼を寵愛した。そしてまもなく大和を平定し、即位して初代天皇となる。

この神武東征伝承に登場する饒速日命を祖神とし、饒速日命と長髄彦の妹の子の可美真手命を遠祖とするのが、古代豪族の物部《もののべ》氏である（「物部」の読みは、モノノフが正しいとする説もある）。『古事記』も、だいぶ簡略ではあるが、『日本書紀』と重なる物部氏祖先伝承を載せている。

軍事・警備を司った名門豪族

物部氏は、一般には、ヤマト王権の軍事・警備を司った有力豪族として知られている。『古語拾遺《こごしゅうい》』は宮廷祭祀を管掌した忌部《いんべ》（斎部）氏がまとめた大同《だいどう》二年（八〇七）成立の史書で、記紀に準じて重んじられる古典だが、このなかに、神武天皇の即位儀礼としての大《だい》嘗祭《じょうさい》の際に、物部氏が矛と盾をたてて宮殿を守ったとする記述がでてくる。これなどは、物部氏の職掌を象徴的に表現したものと言えるだろう。

その職掌は、ウジ名からも読み取ることができる。モノノベのモノを、「もののけ」という言葉にみられるように、精霊・霊魂の意にとる説もあるが、古語のモノには「不可変であること」「社会の決まり」といった意味もあった。べは序章でも解説した「部《べ》（部民《べみん》、官人集団）」のことである。そうすると、モノノベを「社会の決まりのためにもうけられた部《べ》」、つまり社会の秩序を守る部、治安維持のための部と解することができ、物部氏の職掌とも符合するのだ（大野晋編著『古典基礎語の世界』）。

ただし、豪族としての物部氏（より正確に言うと、連《むらじ》をカバネとした物部連氏）は必ずしも直接、軍事・警備の任についたわけではなく、現実に実務に携わったのは物部と呼ばれた部民であり、伴造《とものみやつこ》として彼らを管掌・統率したのが物部氏であった。現代にたとえれば、警察庁のキャリア官僚が豪族としての物部氏、現場の警官が部民としての物部となろうか。こうしたこともあって、物部氏は、血縁関係というよりは職掌でつながった多くの同族・関係氏族を各地に擁していて、それが特色の一つであり、またわかりにくさ、とらえにくさの要因ともなっている。

記紀の祖先伝承が示唆するように、物部氏は大和川下流の河内国渋川《しぶかわ》郡（大阪府八尾《やお》市）付近を本拠とした。八尾市南久宝寺《みなみきゅうほうじ》を中心に広がる久宝寺遺跡からは弥生時代から近世にかけての遺構・遺物が多数検出されているが、古墳時代の大規模集落跡も確認されており、物部氏の本貫地《ほんがんち》における居館跡の可能性が高いと言われている。

霊剣を祀る石上神宮の祭祀を司る

物部氏は奈良県天理市布留《ふる》町に鎮座する石上神宮《いそのかみじんぐう》の祭祀を司ったことでも知られ、この神宮周辺の地をも拠点とした。

石上神宮は神武天皇が国土平定に用いた霊剣の神霊である布都御魂神《ふつのみたまのかみ》を主祭神とする。第十代崇神《すじん》天皇の時代の創祀と伝えられ、その神庫《ほくら》には天皇家の刀剣が神宝として納められたという。百済《くだら》から倭《わ》国に贈られたものとみられる、「泰和《たいわ》四年（＝西暦三六九年）」の銘文をもつ七支刀《しちしとう》が今に伝世されていることは、その証左である。

物部氏と石上神宮の関わりの由来は『日本書紀』の垂仁天皇紀にみえ、同八十七年二月五日条に次のような話が記されている。

「第十一代垂仁《すいにん》天皇の皇子五十瓊敷命《いにしきのみこと》は、天皇から石上神宮の神宝の管理を任されていたが、高齢になったためその役目を妹の大中姫《おおなかつひめ》に託そうとした。だが、大中姫は『私はか弱い女です。丈の高い神庫をどうしてよく登ることができましょうか』と言って固辞し、かわりに物部十千根《もののべのとおちね》に石上神宮の神宝を管理させた」

物部十千根は、物部氏の家伝『先代旧事本紀《せんだいくじほんぎ》』（後述）の「天孫本紀」に饒速日命の七世孫として記されている伝説的人物である。

もとよりこれは神話的な起源譚で、ストレートに史実として受けとることはできない。しかし、この説話は、石上神宮の神宝管理という物部氏の役目が軍事・警備という物部氏本来の職掌から派生したものであることを示唆する。なぜなら、「王権の武器庫」とも評されるこの古社の神宝は、すでに触れたように刀剣という武器が多くを占めていたからだ。古代において、貴重な金属でつくられた刀剣は、武器であると同時に奇霊《くしび》なる神宝でもあった。したがって、軍事・警備の一環として王権の武器を管理する仕事は、おのずと神宝を守り、神宝を祀るという神事にもつながる。物部氏にとって、軍事と神事は表裏一体のものであった。

そして、石上神宮が祀る布都御魂神は刀剣の神格化であり、軍事を司る物部氏にとっては奉斎するに格好の神であったので、氏神《うじがみ》的な存在ともなったのだろう。

ただし、物部氏が実際に石上神宮の管理に深く関わることになったのは、かなり時代が下ってからとする見方もあることは付記しておきたい。

天皇家に先んじて畿内を支配していた？

物部氏にはその職掌とは別に、大きく注目を集める点がある。

それは、冒頭に紹介したように、記紀が、物部氏の先祖が初代天皇に先駆けて畿内に君臨していたことを明記していることだ。

それはあくまでも神話的な伝承であって、史実をそのまま伝えたものとは考えられない。

だが、伝説のなかではあれ、物部氏は天皇に先んじて畿内を本拠とした由緒ある一族となっていることの意味は重い。しかも祖神饒速日命は天つ神の御子であり、天皇家とルーツを同じくするというのだ。

物部氏系の人物によって編まれたと推定される『先代旧事本紀』という史書がある。最終的な成立は平安時代前期と考えられ、記紀と同一の文章も多く含まれていて、偽書説もあり、扱いの難しい文書だが、部分的には物部氏の古伝承を伝えていると言われている。なかでも注目されるのは物部氏の祖先伝承がより詳しく書かれている点で、同書の「天神本紀」には、天磐船に乗った饒速日命（正式には「天照国照彦天《あまてるくにてるひこあまの》火《ほ》明櫛玉饒速日尊《あかりのくしたまにぎはやひのみこと》」と書かれる）が三十二柱の神々や大勢の物部の兵に供奉《ぐぶ》されて河内（河内国河上哮峰《かわかみのいかるがのみね》）に天降り、次に大和（大倭《やまと》国鳥見《とみ》の白庭山《しらにわのやま》）に遷ったという、派手派手しい降臨の様が描かれている。いわば、物部氏版の天孫降臨神話である。

記紀は八世紀はじめまでに天皇家側勢力の主導で編纂されたものだが、天皇家側からすれば、天皇よりも以前に、天つ神の子を称する勢力が大和を統治していたという伝承は、あまり都合がいいものではない。にもかかわらず、記紀は饒速日命の存在を決して否定しない。このことは何を物語っているのだろうか。

記紀が編纂された時代には饒速日命伝承はすでに世に知れわたっていたため、天皇家側としてはそれをあからさまに無視するわけにはいかなかった——ということなのではないか。先に触れたように、物部氏の同族・同系氏族は非常に多くかつ各地に存在していて、彼らは饒速日命伝承を共有していただろうから、このことも無視という選択肢の断念につながったのかもしれない。

こう言い換えてもいい。物部氏は実際に天皇家に比肩しうるほどに古い歴史を誇る氏族で、畿内にはかなり古くから盤踞し、『先代旧事本紀』にみえるような豊かな祖先神話を現実に伝えていたのではないか、と。

崇仏派の蘇我氏に滅ぼされる

物部氏の活躍が史実のうえでかなり明確になるのは、雄略《ゆうりゃく》天皇の時代（五世紀後半）に伊勢の土豪を征討したという物部目《め》あたりからである。

『日本書紀』によると、六世紀初頭の継体《けいたい》天皇の擁立では物部麁鹿火《あらかひ》が活躍するが、麁鹿火と目の関係は定かではない（『先代旧事本紀』は目の甥の孫を麁鹿火とする）。物部氏は特定の職能で天皇家に仕える連のカバネを得ていたが、麁鹿火は連姓の氏族の長である大連《おおむらじ》に

物部氏主要系図

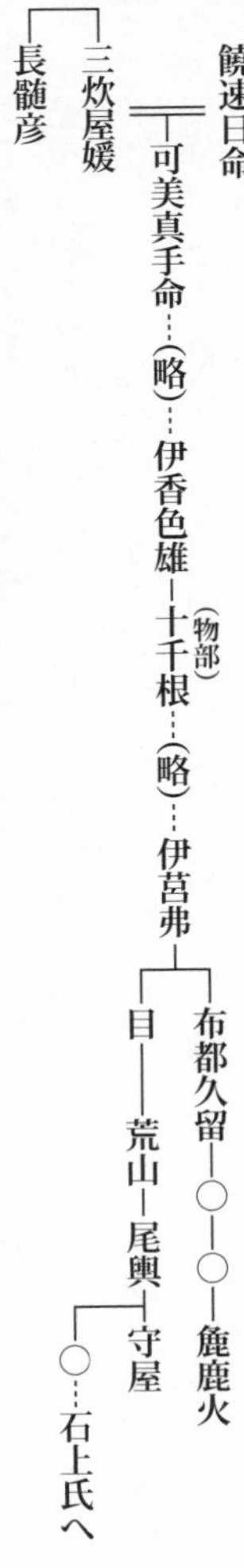

継体前代の武烈《ぶれつ》朝から任じられていて、継体朝では九州で生じた「磐井《いわい》の乱」を鎮圧して功をたてた。これ以後は物部氏が大連を独占的に世襲することになり、大臣《おおおみ》とならんで、マエツキミ（大夫）を統率する倭国の最高執政官として、天皇の治政を補佐することになった。

物部氏の政治的な立場は、畿内土着の旧家という性格からか、あるいは警護という職掌を反映してか、一言でいえば保守的であり、それを象徴するのが排仏主義である。『日本書紀』によると、仏教は六世紀半ばの欽明《きんめい》朝には朝鮮半島を介して本格的に伝来した。このとき百済《くだら》から献じられた仏像をどう扱うべきか天皇がマエツキミたちに諮問すると、大連だった物部尾輿《おこし》（『先代旧事本紀』によれば目の孫）は「仏という異国の神を奉じた

伝物部守屋大連墳。江戸後期刊行の『河内名所図会』には「守屋塚」も描かれているが、明治初年、堺県令小河一敏によって整備された。

ら、必ずや日本の神々の怒りを受ける」と奏して仏教排斥を強く訴えた。一方、大臣の蘇我稲目《そがのいなめ》は崇仏を主張したため、両者ははげしく対立した。

　仏像はひとまず稲目の家に預けられたが、その後ほどなく国中に疫病がはやり、人がバタバタと死んでいった。そこで「稲目が仏を拝んだせいだ」と言い立てたのが尾輿だった。やがて仏像は川に流し棄てられ、寺は焼かれ、仏教はいったん排斥されてしまう。

　欽明の次の敏達《びだつ》天皇の時代（五七二〜五八五年）にも、同じような排仏・崇仏騒動が生じた。このときの排仏派の代表は尾輿の子の守屋《もりや》、崇仏派の代表は稲目の子の馬《うま》子《こ》である。当時もまた疫病が流行していたが、守屋はこれを蘇我氏が再び仏教に帰依《きえ》したせいだと弾劾し、天皇の許可を得て、守屋自らが指揮して寺を焼かせ、仏像を棄てさせ、僧尼を迫害している。

だが、それでも馬子は仏教への帰依をやめなかった。

用明《ようめい》天皇二年（五八七）四月、仏教への帰依を公言した用明天皇が瘡瘡《とうそう》で没すると、皇位継承問題もからんで物部と蘇我の対立は激化した。守屋が支持していた皇位継承有力候補の穴穂部皇子《あなほべのみこ》が、馬子の手兵によって斬殺されたからである。

そして七月、馬子は泊瀬部皇子《はつせべのみこ》（後の崇峻《すしゅん》天皇）、厩戸皇子《うまやとのみこ》（聖徳太子）などの皇子や有力氏族を糾合してついに守屋討伐の軍を起こし、物部氏の本拠である河内国渋川を襲撃した。守屋は激しく抗戦するが、結局、敵の矢にあたって息子たちとともに殺されてしまう。

生き残った守屋の一族は離散し、名門豪族物部氏の地位は一気に凋落した。この戦乱は物部戦争、あるいは干支にちなんで「丁未《ていび》の乱」などと呼ばれる。

物部氏の本拠地で見つかった古代寺院跡

近年、「物部氏はじつは排仏派ではなかった」という指摘がなされるようになっている。

大阪府八尾市に鎮座する渋川天神社（渋川廃寺跡）。物部守屋の別業の地にあったという渋川寺。仏教崇拝抗争や古代の仏教を再検討すべき課題を提起している寺址とされる。

八尾市渋川町でその遺構が発掘された渋川廃寺が、その場所から考えて物部氏の氏寺《うじでら》ではなかったか、新興文化でもあった仏教に物部氏も興味をもっていたのではなかったか、と論じられたからである。そして、『日本書紀』に描かれた〈仏教派蘇我氏vs.神道派物部氏〉という対立構図は、朝廷内の権力抗争を物部氏が仏敵として討伐されたという内容に脚色するために後世に造作されたものだ」という見方も出されている。

しかし、平成に入ってから発掘調査が繰り返された結果、瓦の様式などから、渋川廃寺の創建時期は七世紀前半と推定されることになった（『新版八尾市史　考古編1』二〇一七年)。つまり、渋川廃寺は、五八七年の丁未の乱で守屋一族が滅んだあとに創建されたとみなければならない。乱後、物部氏の所領は蘇我氏や聖徳太子のものとなり、守屋の菩提を弔う意味も兼ねて、新たに仏教寺院が建立されたと考えるべきだろう。

『日本書紀』が記したように、やはり物部氏は強固な排仏主義者であり、保守派だったのだろう。そしてそのイデオロギーを支えていたのは、天皇家にはるか昔から仕え、大和と河内に根を深く張って王権を守ってきたという矜持《きょうじ》ではなかったか。

だが、蘇我氏に象徴されるイノベーションを志向する時代の流れを見越すことができず、失脚してしまった。とはいえ、五世紀から六世紀にかけてのヤマト王権は、物部氏の力によって大きく支えられていたのだった。

守屋敗死後も存続し、右大臣に就く

丁未の乱で物部氏は失脚したが、先に記したように物部氏は同族や同系氏族が数多くあり、完全に滅亡したというわけではない。『日本書紀』も、「(丁未の乱後)大連の息子と一族は、ある者は葦原に逃げ隠れて氏や名を変え、またある者は逃亡して行方不明となった」と記していて、物部氏のその後をにおわせている。

ちなみに、物部氏を倒した蘇我氏も結局は乙巳《いっし》の変（六四五年）で失脚し、衰退している。

守屋敗死後の物部氏で、大きな活躍をみせた人物としては次の二人があげられる。

一人は物部雄君《おきみ》で、壬申《じんしん》の乱（六七二年）では大海人皇子《おおあまのみこ》（後の天武《てんむ》天皇）の挙兵に協力し、勝利に大きく貢献した。ウジは朴井《えのい》（榎井）とも称し、天武天皇五年（六七六）に没すると、天皇は彼に内大紫位《うちのだいしい》を贈り、氏上《うじのかみ》とした。『先代旧事本紀』は彼を守屋の子とするが、守屋は用明天皇二年（五八七）に亡くなっているわけだから、仮にこの年に生まれていたとしても、九十歳という当時としては異例の長命を保ったことになるので、ちょっと信じがたい。ごく普通に考えれば、守屋の孫か曾孫ぐらいの世代だろう。

もう一人は物部麻呂《まろ》である。物部氏傍系の出身で、舒明《じょめい》天皇十二年（六四〇）の生まれ。壬申の乱では大海人皇子と対決した大友皇子《おおとものみこ》の側につき、追いつめられた皇子が自死するまでそばにつき従った人物だったが、乱後なぜか天武朝から大きな処罰を受けず、逆に遣新羅《けんしらぎ》大使となるなどして重用される。天武天皇十三年（六八四）には朝臣《あそん》のカバネを賜り、やがてウジを石上《いそのかみ》と改めて、こちらが物部氏の嫡流となった。新しいウジは、物部氏が本拠の一つとした石上神宮のある石上郷にちなんだものだろう。

麻呂は大宝《たいほう》四年（七〇四）には右大臣《うだいじん》になり、和銅《わどう》元年（七〇八）には左大臣《さだいじん》に進んでついに政権の頂点に立つ。守屋の霊は泉下で快哉《かっさい》を叫んだことだろう。

だが、右大臣となった藤原不比等《ふひと》の権勢にしだいにおされ、その地位は形ばかりのものと化していった。

大嘗祭では盾と矛を立てて威儀を整えた

とはいえ、その後も石上氏は、朴井氏とともに、物部氏後裔氏族として宮廷儀礼では重要な役割をにないつづけた。元日の儀式や大嘗祭《だいじょうさい》の際に盾と矛をたてて威儀を整える役を務めたからである。それは、天皇を警護とする物部氏の本職にもとづいたものであった。

「ますらをの鞆《とも》の音《おと》すなりもののふの大臣楯立《おほまへつきみたて》つらしも」は『万葉集』にある元明《げんめい》天皇の御製《ぎょせい》で（巻一・七六）、和銅元年の自身の大嘗祭の情景を詠んだものとされるが、「もののふの大臣」とは盾をたてて威儀をただす石上麻呂のことだと言われている。

物部氏の分氏に河内国渋川郡の阿都《あと》（大阪市八尾市亀井町付近）を本拠とした阿刀《あと》氏がいるが、平安時代に真言宗を開いた空海《くうかい》の母親は阿刀氏の出身であったという。日本きっての排仏派の一族の末裔から日本仏教界のスーパースターが生まれたのである。

第三章

大伴氏

——天皇の親衛隊を務めた軍事氏族

天皇に仕えた「大いなる伴」

五世紀半ばの葛城《かずらき》氏の没落から六世紀半ばにはじまる蘇我《そが》氏の興隆までのおよそ百年間、物部《もののべ》氏とならんでヤマト王権において重きをなした有力豪族が、軍事氏族として知られる大伴《おおとも》氏である。

大伴というウジ名は、後に触れるように、彼らの先祖が天孫降臨や神武《じんむ》東征に武装して供奉《ぐぶ》したこと、つまり皇祖につねにしたがってとも（供）にいたという伝承に由来するものとも言われるが、そこからさらに踏み込んで、大伴の「伴」を朝廷に仕えた官人組織としての「伴」の意にとらえる見方もある。大伴氏とは、数ある伴のなかの有力者、多くの伴を統率した氏族、すなわち「大いなる伴」であったのだろう、ということである。

何にせよ、天皇に早くから従属していたというのが大伴氏の特色の一つと言え、そのことが天皇を護衛するという軍事的な仕事に結びつき、朝廷の軍事面を担当することにもつながったのだろう。軍事というその職掌は物部氏に似るが、物部氏は警察的な側面が強いのに対し、大伴氏の場合は天皇の親衛隊という色合いが濃い。カバネは、伴造《とものみやつこ》氏族に多い連《むらじ》を与えられている。

神武天皇が初代天皇として即位したと伝わる地に建立された橿原神宮。

天孫降臨と神武東征を導いた大伴氏の祖

大伴氏と天皇家の絆は、神話時代にまで遡ることができる。

『日本書紀』神代下・第九段の一書《あるふみ》第四によると、天孫瓊瓊杵尊《ににぎのみこと》が天界から高千穂に降臨するとき、背に堅固な靫《ゆぎ》を負い、腕に神聖な高鞆《たかとも》をつけ、手に弓矢をとり、剣を佩いた天忍日命《あまのおしひのみこと》が、天槵津大来目《あまのくしつおおくめ》を率いて先払いをした。この天忍日命が大伴氏の祖神であり、天槵津大来目は大伴氏に隷属した来目部《くめべ》（久米部）の祖神であるという。

神武天皇紀にも、大伴氏の遠祖として日臣《ひのおみの》命《みこと》（道臣命《みちのおみのみこと》）が登場する。

神武天皇一行が東征の途次、熊野の山中で難渋していると、天照大神《あまてらすおおみかみ》からヤタガラスが遣

大伴氏主要系図

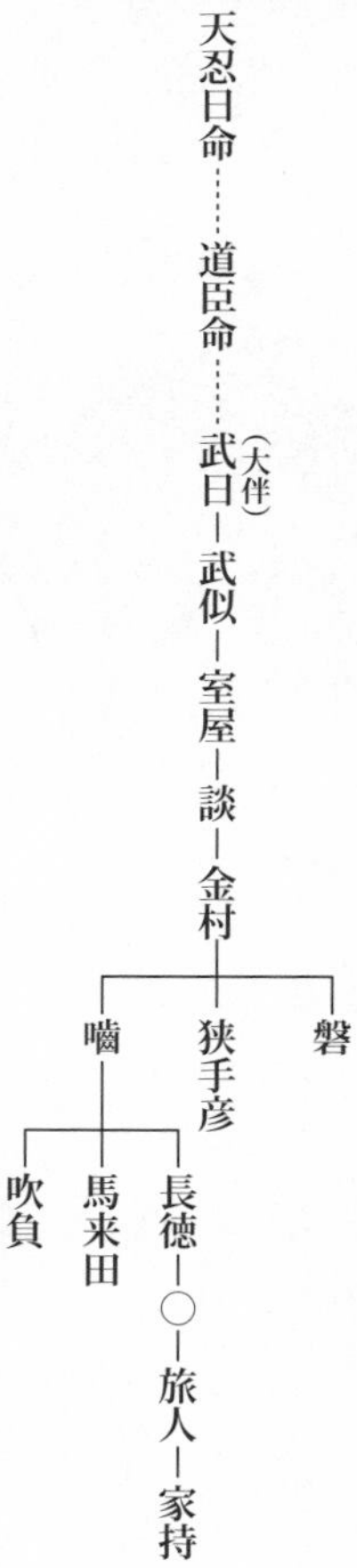

わされた。このとき、一行のうちの日臣命が来目部の遠祖である大来目を率いてヤタガラスの行方を追い、そのおかげで一行は進軍することができた。神武は先導の功を称して日臣命に道臣命の名を賜った。道臣命はこの後も神武の手足となって東征で活躍している。天日忍命と道臣命の関係は記紀では明記されていないが、天日忍命の神裔が道臣命とみるべきだろう。

ちなみに、神武が大和の賊を征討した際に詠んだという「撃《う》ちてし止《や》まむ（撃ちのめすまで止めない）」の句で終わる歌謡は来目歌と呼ばれ、来目部の軍歌がルーツだと言われている。

東征を果たした神武は大和の畝傍山《うねびやま》の東南に造営された橿原宮《かしはらのみや》で即位して初代天皇とな

り、論功行賞を行ったが、このとき道臣命に対しては築坂邑《つきさかのむら》(奈良県橿原市鳥屋町付近)に居地を与え、大来目には畝傍山の西を流れる川のほとり(橿原市久米町付近)に居地を与え、そこは後に来目邑《くめのむら》と呼ばれた。いずれも橿原宮から至近の場所であり、神武天皇の御陵もまた畝傍山の周辺に築かれたのだった。

これと同じような伝承は『古事記』にもみられ、天皇家に近侍してきたことを誇る軍事氏族大伴氏の秀逸な起源説話となっている。

大伴氏の祖神、道臣命が神武天皇から居地として与えられたとされる築坂邑伝承地(奈良県橿原市鳥屋町付近)。

雄略朝を大連として支えた室屋

大伴氏の人物で実在性が高まるのは、五世紀後半の雄略《ゆうりゃく》朝に大連《おおむらじ》となった大伴室《おおとものむろ》屋《や》からである。

『日本書紀』をみると、室屋の名は雄略の二代前の允恭《いんぎょう》天皇の時代にすでにあらわれていて、藤原(奈良県高市郡明日香村小原《おおはら》付近か)に設けられた宮殿に住んだ妃衣通《そとおしの》郎姫《いらつめ》のための名代《なしろ》として藤原部《べ》を定めることを天皇に提案し、実行したという。

雄略天皇が即位すると、物部目《もののべのめ》とあわせて大連に任じられて政権の中枢をになった。このとき大臣《おおおみ》となったのは平群真鳥《へぐりのまとり》である。

室屋の実力が大いに発揮されたのは、雄略崩御後に起こった星川皇子《ほしかわのみこ》の反乱においてだ。吉備《きび》氏出身の母をもつ星川皇子は、母稚媛《わかひめ》にそそのかされて、皇太子であった白髪皇子《しらかのみこ》（後の清寧《せいねい》天皇）の即位を阻むべく大蔵《おおくら》の官《つかさ》（朝廷の財政を司る役所）を乗っ取る。だが、雄略の遺詔《いしょう》により後事を託されていた室屋はすぐさま軍兵を起こし、大蔵を取り囲んで火を放って星川皇子を稚媛らとともに焼き殺し、乱を鎮圧した。そして室屋を筆頭とする群臣に推戴《すいたい》されるかたちで白髪皇子が即位して清寧天皇となり、室屋は再び大連となる。

星川皇子の乱での室屋の活躍には軍事氏族としての大伴氏の面目躍如たる感があり、室屋はこの後、顕宗《けんぞう》天皇・仁賢《にんけん》天皇・武烈《ぶれつ》天皇の代まで政権を支えた。

室屋には談《かたり》という有望な息子がいたが、彼は雄略天皇九年に新羅《しらぎ》征討軍の大将として海を渡るも、戦死してしまった。室屋は悲嘆にくれただろうし、また大伴氏の勢いも一時停滞するが、やがて談の子金村《かなむら》がそんな不運を跳ね返すような働きをみせはじめる。

仁賢天皇の崩御後、太子（後の武烈天皇）は大臣の平群真鳥が驕慢な態度をとりはじめたことに憤ったが、このとき太子が頼ったのが金村である。太子の相談を受けた金村は、数千の兵を率いて真鳥・鮪《しび》父子を攻め滅ぼした。太子は泊瀬列城宮《はつせのなみきのみや》（奈良県桜井市出雲）で即位して武烈天皇となり、金村は大連に任じられた。これはおよそ五世紀末頃のことと考えられ、室屋は存命中であり、金村はいまだ若年であっただろう。

北陸から継体天皇を迎えた金村

『日本書紀』は武烈天皇について、人民に対して暴虐にふけり、遊興と酒に溺れたあげく、継嗣のいないまま崩じたと記している。武烈の暴君ぶりを伝える記述は史実ではなく、古代中国の代表的暴君である桀《けつ》や紂《ちゅう》を意識した『日本書紀』編述者の潤色であるとする見方もあるが、ともかく彼が跡継ぎを残さないまま亡くなったのは事実だったと思われる。つまり、皇統断絶の危機が生じたのだ。

こうした混乱のなか、ヤマト王権の取りまとめ役となったのが金村であった。

とにかく大和近辺には皇位を継ぐに適した皇族がいなかったので、金村はまず丹波《たんば》にいた仲哀《ちゅうあい》天皇の五世孫倭彦王《やまとひこのおおきみ》を迎えようとした。ところが、王は迎えの兵を見ると恐れおののき、山の中に逃げ込んでしまった。

そこで金村は大連の物部麁鹿火《あらかひ》、大臣の許勢男人《こせのおひと》らとはかって、越前の三国《みくに》（福井県北部）にいた応神《おうじん》天皇の五世孫男大迹王《おおどのおおきみ》に白羽の矢を立て、迎えの使者を出した。男大迹王は当初は躊躇したが、懇請を受けて求めに応じ、樟葉宮《くすはのみや》（大阪府枚方《ひらかた》市樟葉）に入って金村らにはじめて会った。金村は平伏して改めて即位を要請し、男大迹王はようやく璽符《みしるし》を受けて即位した。これが継体《けいたい》天皇である。金村は麁鹿火とともに再び大連に任じられた。また、継体は金村の進言を容れて、仁賢天皇の皇女である手白香皇女《たしらかのひめみこ》を皇后に迎えた。

継体天皇は樟葉宮に四年滞在したのち、筒城宮《つつきのみや》（京都府京田辺市）に遷《うつ》って七年、さらに乙訓宮《おとくにのみや》（京都府長岡京市付近）に遷って八年を過ごし、継体天皇二十年（五二六）にようやく大和に入って磐余玉穂宮《いわれのたまほのみや》（奈良県桜井市西部）を営んだ。

継体天皇については、「応神天皇の五世孫」という天皇家との遠いつながりを疑問視し、「皇位継承の混乱に乗じて政権を乗っ取った地方豪族ではないか」という指摘がよくなされる。大和に入るのに二十年も要したことも、まるで継体がヤマト王権の根拠地の攻略に手間取ったことを示唆しているかのように映る。

しかし、あくまで『日本書紀』にもとづけばの話だが、武烈朝までの重臣だった金村は継体と反目することなく終始彼を支えている。天皇への供奉を先祖代々職掌としてきた大伴氏の長がみせたその姿は、なによりも継体が正当な天皇として中央有力豪族たちに迎えられていたことの証しになるのではないだろうか。金村は皇統断絶の危機を救った立役者ということになろう。――ただし考え方を逆転させて、継体即位時の金村の活躍が、天孫降臨における天日忍命や神武東征における道臣命の活躍のモチーフになったと考えることもできるかもしれないのだが。

外交問題で失脚した金村

継体天皇が大和に入ってまだまもない継体天皇二十一年、北九州の豪族磐井《いわい》が反乱を起こした。天皇から相談を受けた金村は麁鹿火を征討将軍に推薦し、天皇はこのときも金村の進言を容れて麁鹿火に出征を命じた。翌年、麁鹿火は激しい交戦の末に磐井を斬り、乱は鎮圧された。

金村はその後、安閑《あんかん》天皇・宣化《せんか》天皇の代でも大連を務め、次の欽明《きんめい》天皇の時代にも大連に任じられて政権の長老的存在になったが、まもなく外交問題が遠因となって失脚する。

この失脚事件の経緯はやや複雑だが、かいつまんで話すと、六世紀初頭、朝鮮半島南部に任那《みまな》（加羅《から》諸国）・百済《くだら》・新羅があったが、継体の時代に倭国と友好的な関係にあった百済が、倭国の強い影響下にあった任那の領土の一部（上哆唎《おこしたり》・下哆唎《あるしたり》・娑陀《さだ》・牟婁《むろ》の四県）の割譲をヤマト朝廷に求めてきた。百済との連携を考えていた金村はこれに賛同し、任那の四県は百済に割譲された。すると、任那は急速に衰えて弱体化し、百済に加えて新羅からも侵略を受けはじめる。そして五三二年には任那における倭国勢力の拠点だった金官加《きんかんか》羅《ら》が新羅に併合された（『三国史記』）。

要するに、金村が賛同した任那四県割譲を発端として朝鮮半島情勢ははげしく流動をはじめ、結果的に日本の朝鮮進出の足掛かりとなる任那の領域の大部分が失われてしまったのである。

欽明天皇元年（五四〇）、新羅征討を諮問した天皇に対し、大連の物部尾輿《おこし》とマエツキミたちは「金村が百済に四県割譲を許したせいで新羅は我が国を久しく恨んでおり、新羅征討は容易ではありません」と奏上して金村を弾劾した。これを受けて金村は責任を痛感し、難波《なにわ》の住吉《すみのえ》の自邸で謹慎した。事実上の失脚で、これ以降『日本書紀』には金村の名はあらわれなくなる。ほどなく失意のうちに没したのだろう。

そして、朝政の実権は物部氏と新興の蘇我氏へと移っていったのである。

神武の加護を受けて壬申の乱で活躍した吹負

もっとも、大伴氏の軍事氏族としての命脈が断たれたわけではない。

金村の子狭手彦《さでひこ》は宣化天皇二年（五三七）に天皇の命を受けて朝鮮半島に渡り、新羅に侵略された任那を鎮め、百済を救った。欽明天皇二十三年（五六二）には数万の兵を率いて再び半島に渡り、高句麗を破り、宮殿に入って種々の財宝を奪い、帰還したという。

また、やはり金村の子とみられる囓《くい》は、用明天皇二年（五八七）の丁未《ていび》の乱では物部征討の軍に加わり、崇峻《すしゅん》天皇四年（五九一）には任那復興のため大将軍に任じられて筑紫《つくし》に出陣している。

天智《てんじ》天皇の子大友皇子《おおとものみこ》と天智の実弟大海人皇子《おおあまのみこ》（後の天武《てんむ》天皇）が皇位継承をめぐって争った壬申《じんしん》の乱（六七二年）では、囓の子吹負《ふけい》が武将として大きな功を立てた。

『日本書紀』によると、壬申の乱の直前、吹負は兄の馬来田《まくた》とともに大和にいたが、大海人皇子の即位を期待していた。そして、天武天皇元年（六七二）六月二十二日に吉野宮《よしののみや》で大海人皇子が挙兵すると、まもなく馬来田はこれに合流して従軍したが、吹負は大和にとどまり、対抗する大友皇子（近江朝廷）側の飛鳥寺《あすかでら》に置かれた軍営を急襲して飛鳥古京を占拠した（六月二十九日）。その報を受けた大海人皇子は感激し、吹負を将軍に任じた。

勢いに乗った吹負は諸豪族を配下に加えて軍勢を整え、乃楽山《ならやま》（奈良市近郊の丘陵地帯）で近江方の将大野果安《おおののはたやす》と決戦に臨むが、敗北して逃走（七月四日）。だがまもなく援軍を得ると陣容を立て直し、反撃を開始して、ついに大和の地を平定した（七月二十二日）。さらには難波《なにわ》に進んで西の諸国の国司を従わせるなどして殊勲を立て、大海人皇子側の勝利と天武天皇政権の誕生に多大な貢献をしたのだった。

ところで、この激戦のさなか、天皇家と大伴氏の絆の深さをしのばせる出来事があったことを『日本書紀』は記している。

吹負が近江朝廷方に大敗を喫した七月四日当日、もしくはそれからまもないある日、高市《たけち》郡（奈良盆地南部）の大領《たいりょう》（長官）であったという高市許梅《たけちのこめ》なる人物が突如神憑《かみがか》り、高市社《たけちのやしろ》の事代主神《ことしろのぬしのかみ》と身狭社《むさのやしろ》の生霊神《いくみたまのかみ》の託宣だと称して、次のようなことを告げた。ちなみに、高市社も身狭社も高市郡に所在した神社で、いずれも畝傍山の周辺であり、前者は現在の河俣《かわまた》神社（橿原市雲梯《うなて》町）に、後者は生國魂《いくくにたま》神社（橿原市大久保町）に比定されている。

「神日本磐余彦天皇《かむやまといわれびこのすめらみこと》（神武天皇）の陵《みささぎ》に馬と武器を奉納せよ。私は官軍（大海人皇子側の軍をさす）の中に立って守護しよう」

さらに、近江朝廷軍の西方からの奇襲を予言した。

そして、許梅が神武陵を礼拝して馬と武器を奉納すると、託宣どおり敵の来襲があり、時の人は驚いたという。

『日本書紀』ははっきりとは書いていないが、文脈からすると、神託と神武陵への奉斎を機に吹負とその兵は士気を鼓舞し、劣勢を挽回して戦況を好転させたことになる。

神武天皇は伝説的人物であって実在しないとみるのが現在は定説だが、『日本書紀』のこの記事は、壬申の乱のあった七世紀後半には初代天皇神武に関する伝承が存在し、祭祀の対象として公的に「神武天皇陵」とされるものが畝傍山付近に存在していたことを物語っている。

しかも、その神武陵への祭祀によって大きく加護を受けたのは、神武天皇に扈従《こじゅう》した道臣命の末裔とされる大伴吹負であった。

「神武天皇陵」と大伴氏の気になる関係

現在、神武天皇陵には畝傍山東北麓のミサンザイ古墳が治定されているが、その治定は山陵修築事業がはじまった文久《ぶんきゅう》三年（一八六三）からのことで、それ以前には、ミサンザイ古墳のやや北にある「塚山《つかやま》」と呼ばれる古墳が神武陵とみなされていた時期もあった。

塚山古墳は現在は第二代綏靖《すいぜい》天皇陵に治定されているが、注目されるのは、この古墳の北東そばに広がる四条古墳群である。四条古墳群は墳丘の痕跡すら残っていないが、出土遺物から古墳時代中期から後期(五～六世紀)の築造と推測され、七世紀末の藤原京造営にともなって墳丘が削平されてしまったと考えられている。

では、なぜ隣接する塚山古墳はそのとき削平されなかったのか。

この問いに対して、「当時、塚山古墳が神武天皇陵として認識されていたので聖地視されて残されたのだろう」という主旨の見解が近年、出されている(今尾文昭『古代日本の陵墓と古墳2』など)。つまり、壬申の乱時に祭祀された「神武陵」とはこの塚山古墳ではなかったか、ということである。

また、塚山古墳を四条古墳群の一つととらえる考古学者の坂靖《ばんやすし》氏は、畝傍山周辺は早くから大伴氏にゆかりのあった土地であり、彼らは四条古墳群を先祖の墓として認識していたが、ある時期から土地や墓を初代天皇の宮や陵と結びつけて語るようになったのではないか、と指摘している(『ヤマト王権の古代学』)。

神武天皇紀は大伴氏の父祖は神武天皇から畝傍山近くに居地を与えられたとするが、事実は逆で、まず大伴氏が畝傍山周辺に住み着き、後になって天皇家とのつながりを強調しようとする大伴氏によって畝傍山の神武伝説が醸成されたのではないか、ということだろう。神武天皇非実在説に立てば、この考えは決して荒唐無稽なものではない。神武伝説の成立は単純なものではなく、そこには多様な要素が溶け込んでいると思われるが、傾聴すべき考え方だろう。

歌人として名をなした奈良時代の大伴氏

壬申の乱の戦功で大伴氏はややその地位をあげるが、しかしそれもあまり長くは続かず、八世紀に入ると新興の藤原氏におされて政界での存在感が薄れてゆく。

ところが、この頃から大伴氏は意外な才能を発揮しはじめる。吹負の兄長徳《ながとこ》の孫にあたる旅人《たびと》とその子の家持《やかもち》が、歌人として名をなしたのである。とくに家持は『万葉集』の実質的な編纂者であったと考えられており、同集には彼の和歌が四百七十二首も収められている。

作歌は軍事という父祖の職掌とはかけはなれたものであり、官人としては不遇であった家持だが、その作品からは彼が家門の伝統を誇りに思っていたことがうかがえる。

巻二十に収められた長歌「族《やから》を喩《さと》しし歌」(四四六五)は、天平勝宝《てんぴょうしょうほう》八年(七五六)の聖《しょう》武《む》天皇崩御の直後、同族の古慈斐《こしび》（吹負の孫）が朝廷を誹謗したかどで職を解任された際に、家持が氏人《うじびと》を教え諭すために詠まれたものだ。このなかで家持は、「天《あま》の門《と》開き　高千穂の　岳《たけ》に天降《あも》りし　皇祖《すめろき》」や「大和の国の　橿原の　畝傍の宮に　宮柱《みやばしら》　太知《ふとし》り立てて　天《あめ》の下《した》　知らしめしける　皇祖の　天《あめ》の日継《ひつぎ》」に自分たちの先祖が忠誠を尽くして仕えてきたことを忘れるなと叱咤し、最後は「祖《おや》の名絶つな　大伴の　氏《うぢ》と名に負へる　ますらをの伴《とも》」と結んでいる。大伴氏が天皇家・皇室に代々奉仕してきた武門の筆頭であるという意識を横溢させた、雄渾な作品であろう。

大伴氏は九世紀に淳和《じゅんな》天皇の諱《いみな》（大伴親王）を避けて伴氏と改めたのち、伴善男《とものよしお》が大納言に進んで再び権勢の高まる気配が訪れたが、貞観《じょうがん》八年（八六六）の応天門の変で善男は失脚して伊豆に配流《はいる》。幾多の波を乗り越えてきた大伴氏だったが、これ以後、政界中枢からは姿を完全に消した。

第四章

蘇我氏

――謎も多い古代豪族の梟雄

飛鳥を開発して天皇を招き入れた蘇我氏

奈良盆地の東南部にあたる飛鳥《あすか》は、六世紀末から八世紀はじめまで皇居がほぼ継続して置かれた古代日本の要地である。史跡や古墳、古社寺が数多く残り、訪れる者に歴史の息吹を感じさせ、アスカという言葉自体が人を古代ロマンに誘う蠱惑《こわく》的な響きをもつ。

だが、そもそもなぜ飛鳥がヤマト王権枢要の地として発展したのだろうか。――この問いを突き詰めてゆくと、行き当たるのは、天皇家ではなく、古代豪族の雄、蘇我《そが》氏となる。飛鳥とは蘇我氏によって開発された王都であり、そこに招き入れられたのが天皇だった、といっても過言ではない。

蘇我氏は、『古事記』にもとづけば、武内宿禰《たけうちのすくね》の子の蘇我石川宿禰《そがのいしかわのすくね》を始祖とする。武内宿禰は第八代孝元《こうげん》天皇の孫または曾孫とされる人物である。

「蘇我」の名は彼らの拠点だったと言われる大和国高市《たけち》郡曽我《そが》（奈良県橿原《かしはら》市曽我町）に由来するとするのが定説である。だが、蘇我氏の出身地やルーツをめぐっては議論があり、筆者は曽我の地を蘇我氏の本貫《ほんがん》とする考えには否定的なのだが、この問題については後ほど触れることにしよう。

稲目が大臣となって政権の中枢をになう

蘇我氏の古代史を『日本書紀』に沿ってみてゆくと、蘇我氏の人物として履中《りちゅう》天皇紀に満智《まち》が、雄略《ゆうりゃく》天皇紀に韓子《からこ》の名があらわれているが、この二人についてはさして詳しい記述はなく、存在感は薄い。蘇我氏の活躍が目立ちはじめるのは、韓子の孫世代と考えられる稲目《いなめ》からである。

宣化《せんか》天皇元年（五三六）、檜隈廬入野宮《ひのくまのいおりののみや》（奈良県高市《たかいち》郡明日香村檜前《ひのくま》）で新たに即位した宣化天皇は前代（安閑《あんかん》天皇）に引き続いて大伴金村《おおとものかなむら》と物部麁鹿火《もののべのあらかひ》を大連《おおむらじ》に再任し、さらに稲目を大臣《おおおみ》に任命した。

一辺約40メートル、高さ4.5メートルのピラミッド状の方墳として知られる都塚古墳は蘇我稲目の墳墓に比定されている。

稲目が大臣に抜擢された理由は定かではないが、彼は政治家として卓越した手腕を持っていたらしく、宣化天皇の次の欽明《きんめい》天皇も彼を大臣に再任した。

大臣は外交問題も所管したが、そのせいか稲目は国外の動向にも敏感な開明的な人物であったらしい。その証左としてまずあげうるのが、稲目による日本への仏教導入である。

欽明天皇十三年（五五二）、朝鮮半島百済《くだら》の聖明王《せいめい》から仏像・仏具・経論が天皇に献上された。このとき、仏教の受容をめぐって朝廷内で議論が巻き起こり、物部尾輿《おこし》は排仏をはげしく主張したが、稲目は崇仏を天皇に進言。そこで天皇は試しに仏像を稲目に託すこととし、稲目はよろこんで飛鳥の小墾田《おはりだ》（明日香村豊浦《とようら》付近）にあった自邸に仏像を安置した。このころ、蘇我氏は飛鳥に居住し、そこを拠点としていたのだ。

『日本書紀』の仏教公伝記事については、仏典の文章が嵌入《かんにゅう》されていることなどから、潤色の可能性も指摘されているが、欽明朝に開明的な人物であった稲目をキーパーソンとして仏教が朝廷に受容されたという流れは、おおむね史実とみるべきだろう。

欽明天皇十六、十七年には稲目は吉備《きび》（岡山県と広島県東部）に派遣されて屯倉《みやけ》の設置を行っている。屯倉とは農業経営や軍事などの拠点となった朝廷の直轄地のことで、倉庫などの施設が置かれた。屯倉の設定をまかされる人物は天皇の代理人的な性格をもつ。したがって、稲目の吉備派遣は、彼が天皇によく信任されていたことの証しと言えよう。

また稲目の娘のうち、堅塩媛《きたしひめ》と小姉君《おあねのきみ》は欽明天皇の妃に、石寸名《いしきな》は用明《ようめい》天皇の妃となっており、天皇家との姻戚関係の構築によって、朝廷内における蘇我氏の存在感・発言力は俄然、強まることになった。

物部氏を追いやり、崇峻天皇暗殺を仕掛けた馬子

稲目は欽明天皇三十一年（五七〇）に没し（生年は不明）、欽明天皇もその翌年に崩御《ほうぎょ》するが、さらに翌年にその子の敏達《びだつ》天皇が即位すると、稲目の嫡子馬子《うまこ》が父から世襲するかたちで大臣に任じられた。このとき、大連に就いたのは物部守屋《もりや》である。

敏達の次の用明天皇も馬子を大臣に再任しているが、用明の母は稲目の娘堅塩媛で、用明は蘇我氏の血を承けた最初の天皇であり、馬子の甥にあたっていた。

この時期には朝廷内で蘇我氏と物部氏の対立が激化していて、用明天皇二年（五八七）に用明が崩じると、馬子は守屋を後ろ盾としていた次期天皇有力候補の穴穂部皇子《あなほべのみこ》（欽明天皇の皇子）を攻め殺した。さらに馬子は用明の皇子である厩戸皇子《うまやとのみこ》（聖徳太子）をはじめとする皇族や群臣を糾合して守屋討伐の軍を起こし、守屋を討って物部氏を滅ぼした（丁未《ていび》の乱）。

その後、皇位を継いだのはやはり馬子の甥にあたる崇峻《すしゅん》天皇（母は小姉君）で、ここで

蘇我氏主要系図

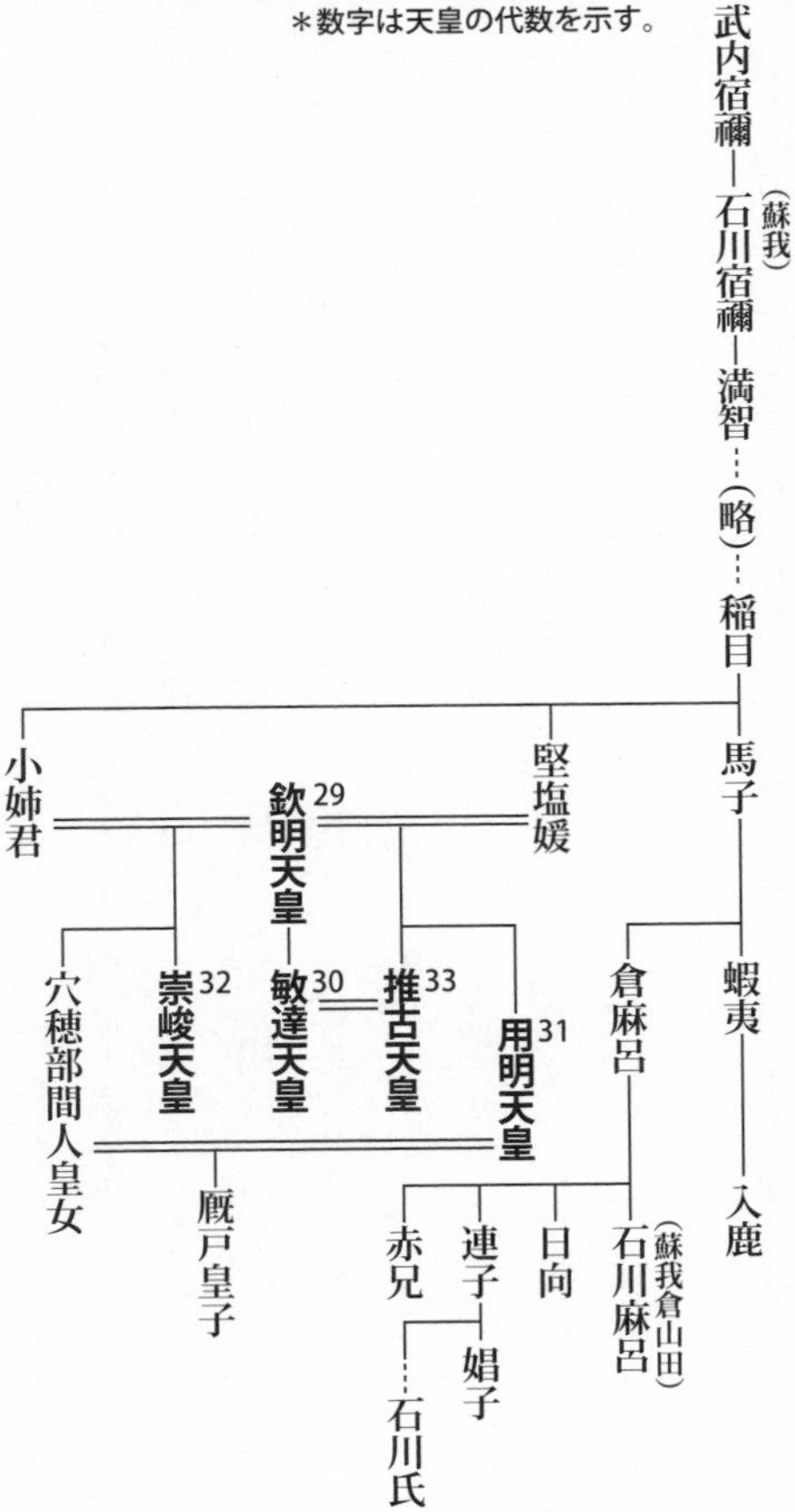

も馬子は大臣に任じられる。ライバルを蹴落とした蘇我氏はますます権勢を強めるが、その一方で、今度は天皇と馬子とのあいだにすきま風が吹くようになる。

崇峻天皇五年（五九二）十月、どこかから献上された猪を指して天皇はこう言った。

「いつの日か、こいつの首を斬るように、嫌いなあいつを斬りたいものだ」

この話を伝え聞いた馬子は自分へのあてつけと受け止めて恐れおののいた。そして翌月、配下の東漢駒《やまとのあやのこま》を使って崇峻天皇を葬り去ってしまう。天皇暗殺である。この事件は後世、馬子と蘇我氏を逆臣としてイメージづけることになった。

事件後まもなく馬子を長とするマエツキミたちの推挙によって皇位についたのが、堅塩媛を母とする推古《すいこ》天皇である。馬子の姪にあたる推古は稲目の旧宅付近とみられる飛鳥の豊浦宮《とゆらのみや》(明日香村豊浦)で即位したが、一般にこれが飛鳥時代のはじまりとされている。

馬子は推古朝でも引き続き大臣となり、皇太子・摂政《せっしょう》の地位に就いた厩戸皇子(稲目の曾孫にあたる)と協同して天皇を補佐し、仏教を政治に採り入れ、諸豪族の結集・君主権強化に務め、『天皇記』『国記《こっき》』などの史書編纂にも取り組み、政治家としての円熟期を迎えた。また彼の娘のうち、刀自古郎女《とじこのいらつめ》は厩戸皇子の、法提郎媛《ほてのいらつめ》は田村皇子《たむらのみこ》(後の舒明《じょめい》天皇)の妻となり、天皇家との姻戚関係をより強固なものにしている。

飛鳥寺を創建して石舞台古墳に葬られる

馬子の事績として重要なものに、飛鳥寺《あすかでら》(法興寺《ほうこうじ》)の創建がある。

馬子は父稲目の志を継いで篤《あつ》い仏教徒となっていたが、物部氏追討の際には戦勝を祈願して寺院の建立を発願《ほつがん》したという。そして、崇峻朝に百済《くだら》から仏舎利《ぶっしゃり》が献上され、仏僧・寺工らが来日すると、豊浦宮の東方にあたる飛鳥の真神原《まかみのはら》に寺院の造営をはじめた。これが飛鳥寺で、推古天皇四年（五九六）に完成し、同十四年には止利仏師《とりぶっし》の手になる本尊（釈迦如来像）が金堂《こんどう》に安置された。仏塔と金堂をそなえ、僧侶が止住する日本最初の本格的寺院であり、僧尼を統制する官寺としての役割もになった。

馬子自身は飛鳥川のほとりに豪壮な邸宅を構えたと言われるが、推古天皇三十四年（六二六）に没し、桃原墓《ももはらのはか》に葬られた。平安時代末期編の『扶桑略記《ふそうりゃっき》』は、馬子の享年を七十六とする。桃原墓に比定されているのが有名な石舞台古墳《いしぶたいこふん》（明日香村島庄《しましょう》）で、その北西側に広がる島庄《しまのしょう》遺跡は馬子邸跡と考えられている。石舞台古墳から南へ四〇〇メートルほどのところにある方墳都塚《みやこづか》古墳の被葬者については、馬子の父稲目が有力視されている。

蝦夷・入鹿父子の栄華と乙巳の変

馬子のあとを継いだのは子の蝦夷《えみし》で、彼もまた大臣に任じられた。

推古天皇三十六年に推古天皇が崩御すると、蝦夷の裁定によって田村皇子が即位して舒明天皇となった。このとき田村皇子の即位に境部摩理勢《さかいべのまりせ》が強硬に反対したが、彼は蘇我氏の分家の人物であったにもかかわらず、蝦夷の兵に攻められて殺害されている。

舒明天皇が在位十三年で崩じると、舒明の皇后宝皇女《たからのひめみこ》が即位して皇極《こうぎょく》天皇となった。皇極は蘇我氏との血のつながりが薄い天皇だったが、ここでも蝦夷は大臣に任じられ、子の入鹿《いるか》とともに国政を牛耳り、驕慢な振る舞いも目立つようになる。

たとえば、『日本書紀』皇極天皇元年（六四二）是歳《ぜさい》条によると、蝦夷は蘇我氏の出身地とされる葛城《かずらき》の高宮《たかみや》（御所《ごせ》市宮戸・森脇付近か）に祖廟を建て、群舞「八佾《やつら》の儛《まい》」を興行した。八佾の儛は中国では天子にのみ許された舞であった。

また、人民を使役して今来《いまき》（御所市古瀬付近もしくは高市《たけち》郡）に生前墓として「双墓《ならびのはか》」をつくり、蝦夷の墓を大陵《おおみささぎ》、入鹿の墓を小陵《おみささぎ》と呼ばせた。「陵」とは本来、天皇・皇后の墓を指すことばである。二年後にはこの父子は甘檮岡《あまかしのおか》（明日香村豊浦付近）に邸宅を並べ建て、蝦夷の家を「上《うえ》の宮門《みかど》」、入鹿の家を「谷《はさま》の宮門」と称して武装化し、子供たちを「王子《みこ》」と呼ばせたという。

皇極天皇二年十月には、病気で朝廷への出仕を休んだ蝦夷が、密かに入鹿に紫冠《しかん》を授けて大臣の位に擬した。蝦夷が自分の息子を私的に「大臣」に任じたというのだ。ちなみに、入鹿は天皇によって正式に大臣に任じられることなく没している。

同じ頃、入鹿は入鹿で恐るべき企みを抱いていた。次期天皇に古人大兄皇子《ふるひとのおおえのみこ》（父は舒明天皇、母は馬子の娘法提郎媛）を立てることを望み、そのライバルであった厩戸皇子の遺児山背大兄王《やましろのおおえのみこ》を蹴落とすことを謀ったのだ。同年十一月、入鹿は軍兵を遣わして斑鳩宮《いかるがのみや》の山背大兄王を急襲。王は一族とともに自害し、上宮王家《かみつみや》（厩戸皇子の子孫）は滅亡してしまった。

かくて蘇我氏の権勢は天皇家をもおびやかすまでにいたり、栄華は絶頂を極めた。だが、その陰ではすでに悲劇が進行していた。蘇我一強に危機感を抱く反蘇我派の急先鋒であった中臣鎌足《なかとみのかまたり》（藤原氏の始祖）が皇極の皇子中大兄皇子《なかのおおえのみこ》（後の天智天皇《てんじ》）に近づいて入鹿誅殺を謀議していたのだ。そして二人は入鹿の従兄弟にあたる蘇我倉山田石川麻呂《そがのくらやまだのいしかわまろ》を仲間に引き入れることに成功する。

クーデターは皇極天皇四年（六四五）六月十二日、飛鳥板蓋宮《あすかのいたぶきのみや》（明日香村岡）を舞台に決行された。「三韓進調《さんかんしんちょう》」という外交儀式をおとりにおびき出された入鹿は、天皇の面前で中大兄皇子に斬られた。瀕死の重傷を負った入鹿が玉座に向かって「私にいったい何の罪があるのでしょうか（臣《やつこ》、罪を知らず）」と訴えかけると、中大兄皇子はこう奏上したという。

乙巳の変の中大兄皇子と中臣鎌足が出会ったとされる蹴鞠が催された飛鳥寺。その裏手に甘樫丘を背景に立つのが、飛鳥板蓋宮で誅戮された蘇我入鹿の首がここまで飛んできたと伝わる首塚。

「入鹿は皇子たちをすべて滅ぼして皇位を傾けようとしたのです。どうして入鹿が天孫に取って代わることができましょうか」

天皇が席を立つと、入鹿の身にはさらに剣が加えられ、無惨な屍は蝦夷のもとに送られた。翌日には蝦夷も誅殺された（藤原氏の家史『藤氏家《とうしか》伝《でん》』〔七六〇年頃成立〕は自殺したとする）。これが「乙巳《いっし》の変」である。

この混乱の責任をとるかたちで皇極天皇は中大兄皇子に皇位を譲ろうとしたが、中大兄皇子は固辞して皇極の弟の軽皇子《かるのみこ》に譲り、軽皇子が即位して孝徳《こうとく》天皇となった。

『日本書紀』が蝦夷・入鹿を悪者に仕立てた？

『日本書紀』は蝦夷・入鹿の横暴を強調し、二人を悪者に仕立て上げているが、『日本書紀』そのものが反蘇我派の人びとによって編纂された史書であることを考慮すると、その記述を軒並み史実とみることには慎重になる必要がある。

たとえば、皇極天皇二年の山背大兄王襲撃事件について、『日本書紀』は明らかに入鹿を首謀者としているが、前掲の八世紀中頃の『藤氏家伝』は「入鹿が諸皇子たちとともに謀った」としており、またやや後世の史料になるが平安時代前期編纂の聖徳太子伝『上宮《じょうぐう》聖徳太子伝補闕記《ほけつき》』は、この襲撃事件に軽王すなわち孝徳天皇も加わっていたことを明記している。これらの記述は、皇族たちのあいだでも山背大兄王追放の気運が高まっていたさまを想像させる。

また、『藤氏家伝』はなぜか青年時の入鹿を礼節のある若者として好意的に記している。それによると、かつて群臣たちの子弟が隋《ずい》・唐《とう》に留学経験のある旻《みん》法師の学堂に集まって『易経《えききょう》』を読むことがあり、そのメンバーの中には入鹿や鎌足もいたが、講義後、旻は鎌足を呼び止め、こう言ったという。

「私の堂に出入りするもので、蘇我入鹿に及ぶ者はいない（吾《わ》が堂に入る者、宗我太郎《そがのたろう》に如《し》くはなし）」

つまり、入鹿は秀才型の貴公子だったというのである。

かといって、『日本書紀』の記述すべてを作り話とみることにも無理があろう。たとえば、飛鳥の甘樫丘《あまかしのおか》東麓遺跡からは甘檮岡の蝦夷・入鹿邸跡と目される遺構が見つかっている。先頃、飛鳥時代最大級の方墳であったことが明らかになった小山田《こやまだ》古墳(明日香村川原《かわはら》)については、蝦夷の「大陵」に比定する説が有力になりつつある。飛鳥の風土そのものに蘇我氏の権勢の記憶が刻印されているのだ。

蘇我氏渡来人説の真偽

蘇我氏の興亡を見届けたところで、この一族のルーツについて考えてみたい。

すでに触れたように蘇我氏は武内宿禰の後裔とされるが、二百歳以上もの異常な長寿を保ったという武内宿禰は実在が疑われる伝説的人物であり、彼は氏族の始祖に仮託されたにすぎないとみるのが現在では一般的である。

では、蘇我氏の真の氏祖は誰か。

かつて古代史学者の門脇禎二《かどわきていじ》氏が、履中天皇紀に登場する大臣の「蘇我満智」と、応神天皇紀二十五年条に記される、百済の高官ながら天皇に召致されたという「木満致《もくまんち》」を同一人物とみなし、蘇我氏の出自を百済からの亡命渡来人とみる説を提唱して話題を集めたことがあった。満智の子は韓子、その子は高麗《こま》と、異国を思わせる名前が続いていることは、この説を傍証するものとされた。

渡来人説には意外性もあって魅力的な面もあるが、批判も多い。

たとえば、もし仮に百済の木満致と蘇我満智が同一人物だったとしても、なぜ、この人物は倭国に来てから木氏を名乗らなかったのか、という批判がある（水谷千秋『謎の豪族蘇我氏』）。高い家柄の人物が、名前（満致＝満智）だけは残して本姓は捨て、新たに蘇我氏を名乗ったというのは、たしかに奇異である。七世紀後半、百済滅亡により倭国へ亡命してきた貴族は、沙宅《さたく》氏、木素《もくそ》氏というようにみな母国での姓をそのまま名乗っている。

そもそも、蘇我氏が本当に渡来人を出自としていたのなら、東漢《やまとのあや》氏や秦《はた》氏といった他の渡来系氏族と同じように、その事実を隠さず、むしろ渡来系であることに誇りを抱いて自家の系譜を公表するのではないだろうか。当時の渡来人というのは、たとえるなら明治のお雇い外国人のような存在であって、渡来の出自を隠すことにさしてメリットがあったとは思えないし、隠しようもなかったのではないか。

ただし、蘇我氏は朝廷の外交問題を担当していたこともあって、朝鮮半島や渡来人と何かと関わりが深かったのは事実である。蘇我氏が外来の宗教である仏教の導入を主導したのも、一つには朝鮮人や渡来人との接触が多く、国外の動向に敏感だったからという面もあろう。蘇我氏の氏寺《うじでら》とも言える飛鳥寺が建立された飛鳥の真神原は、雄略朝に百済からの渡来人（今来漢人《いまきのあやひと》）が住みついて開発された土地であった。

蘇我氏の出身地をめぐる諸説

渡来人説が否であるならば、蘇我氏はどこから来たのか。

蘇我氏は最終的には飛鳥を本拠地としたが、その出身地をめぐっては渡来人説のほかにも諸説がある。有力なものとしては、次の三説にしぼりこむことができよう。

①河内《かわち》国石川郡（大阪府富田林市、南河内郡周辺）説：『日本三代実録』元慶《がんぎょう》元年（八七七年）十二月二十七日条に、「宗岳《そが》」への改姓を願った石川朝臣《あそん》木村（蘇我氏の末裔）が「始祖である武内宿禰の男子宗我（蘇我）石川は、河内国石川の別業《べつごう》（別宅）に生まれ、この地にちなんで石川を名とした」「天武《てんむ》朝に先祖の名にちなんで石川を子孫の姓《せい》とした」と奏上したとあることを論拠とする。

②大和国高市郡曽我（奈良県橿原市曽我町）説：地名がソガであり、蘇我氏の祖神を祀る宗《そ》

我坐宗我都比古《がにますそがつひこ》神社が鎮座する。

③大和国葛城（奈良県葛城市・御所市付近）説：『日本書紀』推古天皇三十二年十月一日条に、老境に至った蘇我馬子が天皇に使者を遣わして、「葛城県《かずらきのあがた》はもともと私の生まれた土地です（葛城県は元臣《もとやつがれ》が本居《うぶすな》なり）。それゆえ、その県にちなんだ姓名《うじな》をつけております。そこで、永久にこの県を授かって、私の封県としたいと存じます」と奏上したという記述がある（だが、推古天皇はこの願いを聞き入れなかった）。また、皇極天皇元年（六四二）是歳条には「蘇我蝦夷が自分の祖廟を葛城の高宮に立てて、八佾の儛をした」と書かれている。これらの記事を論拠に、蘇我氏の出身地を葛城（とくに葛城南部）とする。

葛城のランドマークだった曽我川と蘇我氏

これらの説のうち、まず①石川説については、「蘇我氏が七世紀末に石川氏に改氏してから生じた後代の説の可能性が高い」とか、「石川にあったのはあくまで『別業』で本貫ではない」「石川は蘇我氏のなかでも蘇我倉山田石川麻呂を祖とする蘇我倉氏が本拠としていたところで、蘇我氏本宗家の出身地ではない」などといった批判があり、近年はあまり支持されていない。

では、②曽我説はどうだろうか。

たしかにソガという名称の点でつながりが強く感じられるが、記紀には、蘇我氏が曽我を本拠としていた、あるいはそこに住んでいたことを示す具体的な記述はなんらない。この付近に蘇我氏の居館跡と言われるような遺跡も見つかっていない。曽我の地は、飛鳥には近いが、飛鳥には含まれない区域であり、稲目や馬子が居宅を構えた豊浦、小墾田付近からは四、五キロ北西に位置する。

また、宗我坐宗我都比古神社は起源が不詳で、記紀には言及されていない。社伝では、持統天皇(六四五~七〇二年)が蘇我氏滅亡をあわれんで創祀させたとなっている。祭神は曾我都比古神《そがつひこのかみ》・曾我都比売神《そがつひめのかみ》と伝えられているが、その正体はいまひとつつかめない。要するに、それほど歴史が古い神社には見受けられず、蘇我氏が本貫の氏神《うじがみ》として古くから奉斎していた神社とは考えにくいのである。

そう考えてゆくと、曽我説も後付けのものであるように思えてくる。

③葛城説は、蘇我馬子が自称している説でもあり、その意味ではいちばん信頼が措ける説であろう。ところが、蘇我氏と葛城を直接結びつける史料は、『日本書紀』のこの二つの記事の他には見当たらない。そのため、馬子の母が葛城出身で、馬子は葛城で生まれた

のではないかとか、蘇我氏は五世紀には没落した葛城氏から分立した氏族ではないかなどといった説が出されている。

しかし、葛城出身だというのに、なぜ、明らかに葛城外のエリアである曽我をウジ名としたのかという疑問が生じる。

だがここで、この名が「曽我」という土地名ではなく曽我の西際を流れる「曽我川」にちなんだものだったと考えれば、葛城説の傍証にもなる。というのは、古代にはおおむね曽我川の西側から葛城山までのエリアを葛城と呼んでいたからである。曽我川は御所市東南端の重阪《へさか》峠を源流とし、奈良盆地をゆるやかに蛇行しながら北流して大和川に注いでいる。大和川から舟で遡ってゆくと、曽我の地でやや大きく流路を変えて蛇行しはじめるので、「曽我川」と呼ばれるようになったのだろう。同じく大和川の支流である飛鳥川の西側を、それと並行するように流れる川である。とにかく、曽我川とは、葛城の東辺のランドマークでもあった。

蘇我氏は葛城が故郷であり、葛城のへりを流れる曽我川にちなんで蘇我氏を称したのではないだろうか。おそらく葛城一族と姻戚関係もあったのだろう。そしてしだいに曽我川を渡って東に進出し、飛鳥を開発したのではないだろうか。そう考えれば、馬子が推古天皇に「(葛城の)県にちなんだ姓名《うじな》をつけております」と述べたことも理解できる。「蘇我」のもととなった曽我川は、葛城の地名の一つのようなものだからである。

この川がいつから曽我川と呼ばれていたかは定かではないが、『万葉集』に「ま菅《すげ》よし宗《そ》我《が》の川原《かはら》に鳴く千鳥《ちどり》間《ま》なしわが背子《せこ》我《あ》が恋《こ》ふらくは」という歌がある(巻十二・三〇八七)、「宗我の川」は明らかに曽我川のことだろう。

藤原氏にも流れ込んでいる蘇我氏の血脈

皇極天皇四年(六四五)の乙巳の変後の蘇我氏についても触れておこう。

変をへて即位した孝徳天皇は、中大兄皇子を皇太子に、中臣鎌足を内臣《うちつおみ》に、蘇我倉山田石川麻呂を右大臣《みぎのおおおみ》に任じて新政権を発足させ、都を難波《なにわ》に遷した。大臣・大連は廃止された。

そして年号が「大化《たいか》」と定められ(年号の最初)、翌大化二年(六四六)には改新の詔《みことのり》が発せられて、戸籍の作成・公地公民制など、次々に新政策が打ち出された。「大化の改新」である。

一般に乙巳の変をもって蘇我氏は滅亡したとみなされることが多い。だが、それはあくまでも稲目・馬子・蝦夷・入鹿と続いた蘇我氏本宗家にかぎってのことである。乙巳の変・大化の改新以後も、乙巳の変の功臣石川麻呂の系統（蘇我倉氏）を中心に、蘇我氏は一定の勢力を保っている。乙巳の変とは、蘇我氏の視点からすれば、傍流が本宗家を打ち負かした、同族内のクーデターであった。

もっとも、石川麻呂は謀反の疑いをかけられて自死（六四九年）、壬申《じんしん》の乱（六七二年）では蘇我氏の有力者（赤兄《あかえ》、果安《はたやす》など）が大友皇子側について自死または失脚するといった事件などもあって、残存した蘇我氏も徐々に勢いを失う。七世紀末には石川氏へと改姓するが、その後も上位官人は輩出している。そして平安時代の九世紀には石川から再びソガ（宗岳《そが》）へ改姓している。

女性に注目すると、鎌足の嫡子藤原不比等《ふひと》の妻娼子《しょうし》は、じつは蘇我氏の女性で、馬子の曾孫にあたる。そして不比等と娼子のあいだに生まれたのが藤原北家《ほっけ》の始祖となった房《ふさ》前《さき》である。平安時代には彼の子孫から良房《よしふさ》、道長などがあらわれ、北家は摂関政治をになう藤原氏の嫡流となった。

天皇家を脅かしたことで逆賊とそしられた蘇我氏であったが、その血脈は藤原氏のなかに紛れ込むことで、日本の中枢において連綿と続いたのである。

第五章

忌部氏

——宮廷神道を支えた祭祀氏族

大化の改新時に神祇祭祀を提案した忌部氏

前章でも触れたが、皇極《こうぎょく》天皇（六四五）年六月の乙巳《いっし》の変で蘇我《そが》氏本宗家が滅び、皇極天皇が弟の孝徳《こうとく》天皇に譲位すると、新政権が発足して日本最初の年号「大化《たいか》」への改元が行われた。やがて「大化の改新」という一大改革がスタートしてゆくのだが、大化元年（六四五）七月にこの改革のさきがけとも言うべき事柄が実行されている。『日本書紀』大化元年七月十四日条は、こう記す。

「この日、（右大臣《みぎのおおおみ》の）蘇我倉山田石川麻呂《そがのくらやまだのいしかわまろ》は、天皇に『まず天神地祇《てんじんちぎ》を祭り鎮め、その後に政事を議《はか》るべきではないでしょうか』と奏上した。そこでこの日、倭漢比羅夫《やまとのあやのひらぶ》を尾張国に、忌部子麻呂《いんべのこまろ》を美濃国に遣わして、神に供える幣《みてぐら》を賦課させた」

政事の前にまず神事にとりかかるべきという石川麻呂の進言を容れて、孝徳天皇は大規模な祭祀を執り行うこととし、そのための神への供物を尾張国と美濃国から調達させるべく、使者を派遣した。一人は渡来系氏族の倭漢比羅夫であり、もう一人が、本章のテーマである忌部《いんべ》氏の子麻呂であった。忌部氏の個人名の初出は、『日本書紀』ではこの箇所になる。

天岩屋神話で祭祀を行った太玉命の末裔

忌部氏は朝廷の神事・祭祀を担当した伴造《とものみやつこ》氏族で、「忌部」は「穢れを忌んで神聖なことに従事する部《べ》（官人組織）」を意味する。宮殿造営の監督や鏡・玉などの祭具を造ることも司《つかさど》り、また安房《あわ》・紀伊・讃岐《さぬき》・阿波《あわ》・出雲などの諸国に分布した、祭祀関係の実務や資材の貢納をになった品部《しなべ》としての忌部を統率した。はじめは首《おびと》をカバネとした。

天皇家との結びつきが深い名族だが、前記したように史料上の初出は七世紀半ばと比較的遅く、それ以前の活動はなかなかつかみがたい。しかし、彼らの祖神太玉命《ふとたまのみこと》については、記紀神話のなかにわりとはっきり言及されている。

『日本書紀』神代上・第七段はいわゆる天岩屋《あまのいわや》の物語だが、太玉命はまずこの箇所に登場する。概略を記してみよう。

「天照大神《あまてらすおおみかみ》が岩屋に籠って世界が闇に覆われてしまうと、八十万《やそよろず》の神は川原に集い、大神の出現を祈る方法を協議した。

すると思兼神《おもいかねのかみ》が深く思慮をめぐらし、常世《とこよ》の長鳴鳥《ながなきどり》を集めて長鳴きさせ、手力雄神《たちからおのかみ》を岩戸のそばに隠れ立たせた。

さらに中臣《なかとみ》氏の遠祖天児屋命《あまのこやねのみこと》と忌部の遠祖太玉命が、天香山《あまのかぐやま》の立派な真坂樹《まさかき》を根ごと

『延喜式神名帳』に記載のある式内社で、その中でも名神大社に列する天太玉命神社。鎮座地である奈良県橿原市忌部町は、同社の主祭神天太玉命を祖神とする忌部氏の本拠であったと伝わる。

掘り取って、上の枝には八坂瓊《やさかに》の五百箇御統《いおつみすまる》(多くの玉を緒に貫いて環状にしたもの。八尺瓊曲《やさかにのまが》玉《たま》と同じとする解釈もある)を掛け、中の枝には八咫鏡《やたかがみ》を掛け、下の枝には青和幣《あおにきて》(麻で作った幣《ぬさ》)・白和幣《しろにきて》(木綿《ゆう》で作った幣)を掛けた。そしてみな一緒に祈禱をした」

この先のくだりでは、天鈿女命《あまのうずめのみこと》が神憑《かみがか》りして踊り出し、それに引かれて大神が岩戸を開けて外の世界へ誘い出され、天児屋命と太玉命がすばやく大神の背後に注連縄《しめなわ》を引いて結界するという展開になっている。

改めて解説すると、日本神話のクライマックスとも言えるこの天岩屋の場面で、太玉命は、天児屋命とともに、神木に玉・鏡・幣を掛けて祈るという、天照大神を招き出すための祭祀を受け持つ神として登場している。神名の「太玉」は祭具としての神聖な玉を言い表したものだろう。しかも、『日本書紀』は原文でも「忌部が遠祖太玉命」と明記していて、この神が忌部氏の祖神であることを強調する。

このことは天児屋命についても同様で、「中臣連が遠祖天児屋命」と記して、この神が忌部氏と並んで朝廷祭祀に携わった中臣氏の祖神であることを明示する。『古事記』の天岩屋の場面もおおむね同じような描写をしている。

これらの記述は、祭祀という忌部氏と中臣氏の職掌の起源が天岩屋神話にまで遡るものであることを説き、彼らの権威を証ししようとしているとも言える。

天孫降臨にも供奉した太玉命

太玉命は次に天孫降臨の場面に登場する。

『日本書紀』神代下・第九段の一書第一《あるふみ》によると、天照大神は孫の瓊瓊杵尊《ににぎのみこと》に八尺瓊曲玉と八咫鏡、草薙剣《くさなぎのつるぎ》からなる「三種の神器」を授けて地上世界へ降臨させようとしたとき、五部の神々《いつとものお》を彼に付き従わせた。その五神とは、天児屋命、太玉命、天鈿女命（猨女氏《さるめ》の祖）、石凝姥命《いしこりどめのみこと》（鏡作部《かがみつくりべ》の祖）、玉屋命《たまのやのみこと》（玉作部《たまつくりべ》の祖）であった。そして、大神は瓊瓊杵尊にこう告げる。

「瑞穂国《みずほのくに》は我が子孫が君主たるべき地である。さあ、行って治めなさい。宝祚《ほうそ》の栄えることは天地とともに窮《きわま》ることがないだろう」

いわゆる天壌無窮《てんじょうむきゅう》の神勅である。

『古事記』でも、天壌無窮の神勅はないものの、やはり天照大神は瓊瓊杵尊の天降《あまくだ》りにこの五神を付き従わせている。

つまり、太玉命は天照大神の命で天孫降臨に随従した五神の一柱として記紀に挙げられている。しかも、これらの五神を祖神とする各氏族が、祈禱・歌舞・鏡作り・玉作りと、いずれも祭祀関係を職掌としていることは興味深い。じつは、これらの五神はみな天岩屋神話にも登場している（石凝姥命と玉屋命は『日本書紀』の天岩屋の章では、本文ではなく一書にのみ登場する）。要するに、天岩屋神話と天孫降臨神話は、朝廷祭祀に従事した氏族の縁起説話としての機能も果たしているのだ。

『日本書紀』の編纂にも深く関与

孝徳朝の大化の改新の直前に忌部子麻呂が神幣の賦課のために美濃国へ派遣されたことの背景には、このように忌部氏が古来、祭祀氏族として王権に仕えてきたという歴史があったのである。

その後の忌部氏の活躍をみると、壬申《じんしん》の乱（六七二年）に際しては、忌部子人《こびと》が大海人《おおあまの》皇子《みこ》側の将軍大伴吹負《おおとものふけい》に属して古京（飛鳥《あすか》）を護り、乱後の天武《てんむ》天皇九年（六八〇）正月には、その功を認められて弟の色弗とともに連《むらじ》のカバネを賜った。翌十年には、天皇の詔《みことのり》を受けて史書（「帝紀《ていき》と上古の諸事」）の編纂事業を担当することになり、子人は中臣大島《おおしま》とともに筆をとって記録した。この編纂事業は、最終的に養老四年（七二〇）の『日本書紀』撰進《せんしん》に結実することになる。つまり、忌部氏は『日本書紀』の編纂にも深く関与していた。

また、ここでも忌部氏と中臣氏が並んで言及されているが、このことが象徴するように、両者は時に仲間であり、時にライバルであった。

同十三年に「八色《やくさ》の姓《かばね》」制ができると、忌部一族は宿禰《すくね》のカバネを賜っている。一方の中臣氏は宿禰より一ランク上である朝臣《あそん》のカバネを賜った。

持統《じとう》天皇四年（六九〇）正月に持統天皇の即位礼が執り行われた際には、色弗が神璽《しんじ》の剣と鏡を新天皇に奉るという大役を務めた。この神璽奉持に先立って「天神寿詞《あまつかみのよごと》」を読んだのは、中臣大島であった。この記述は、『養老律令《ようろうりつりょう》』（七一八年編纂）中の「神祇令《じんぎりょう》」にある「凡《およ》そ践祚《せんそ》の日には、中臣、天神寿詞奏せよ。忌部、神璽の鏡剣上《たてまつ》れ」という規定ともよく符合している。ただし忌部氏は、中臣氏と違って有力豪族が任じられるマエツキミに就くことはなかったようで、そのことはやがて中臣氏との大きな差を生む要因となった。

また、律令制下でとくに忌部氏が重要な役割をになった宮中祭祀に、大殿祭《おおとのほがい》というものがあった。これは、天皇の御殿（大殿）の四隅に玉を懸け、祝詞《のりと》を奏して宮殿に災異がないよう祈るもので、年に数回行われたが、祭具の玉の調達も含めてこの祭祀全体を司ったのが忌部氏であり、ここでは祝詞奏上も忌部氏が担当した。

奈良の「忌部町」で見つかった玉作り工房の跡

そんな忌部氏の本貫《ほんがん》はどこであっただろうか。

奈良県橿原《かしはら》市の畝傍《うねび》山《やま》の北西に忌部町という地区がある。古くは高市《たけち》郡忌部村と呼ばれた地だが、この地区に天太玉命《あめのふとたまのみこと》神社が鎮座する。場所は曽我《そが》川西岸で、忌部氏の祖神太玉命を祀り、現在は質素な神社だが、『延喜式《えんぎしき》』「神名帳《じんみょうちょう》」では名神《みょうじん》大社に列せられている。天太玉命神社は忌部氏の氏神《うじがみ》であり、忌部氏の本拠地はこの辺りであったと考えられている。

昭和五十年代後半、この神社から一キロほど北の場所で国道バイパス工事が行われた際、勾玉《まがたま》・管玉《くだたま》・小玉などの大量の玉類や石材が出土した。大型土杭や掘立柱《ほったてばしら》建物の跡も見つかっている。橿原市曽我町に位置するため曽我遺跡と名づけられたが、碧玉《へきぎょく》や翡翠《ひすい》、滑《かっ》石《せき》、水晶などの多様な石材から玉類を大量生産した玉作り工房の跡ではないかと考えられている。大和では最大級規模の玉作り工房で、その年代は五世紀後半が最盛期だという。玉作りの原石は大和では産出されないので、遠方から運ばれてきてここで加工されたとみられている。

忌部町のそばという地理を考えれば、当然、忌部氏との関係も想定されよう。曽我遺跡は祭祀に用いる玉類を生産する王権直轄の工房であり、その管理・運営を任されたのが忌部氏であった。そしてそこには玉作りに専従した部民《べみん》が住み暮らす集落もあったのだろう。

前述の大殿祭は律令制下の祭祀だが、五世紀頃にもその前身にあたる祭祀は行われていたはずで、そこで使われる大量の玉はこの工房で作られていたにちがいない。

ライバル中臣氏に圧されて衰退

八世紀初頭の律令制確立によって神祇祭祀の体系化が進むことで、宮廷祭祀をになう忌部氏の地位は安泰となるはずであった。ところが、現実にはそうはならず、むしろ衰微をはじめてしまう。

その理由の一つとしては、ライバル中臣氏が勢力を急伸させたことを挙げることができる。中臣氏については別に一章をもうけて詳述するが、こちらも宮廷祭祀を担当した氏族で、どちらかというと忌部氏が祭器・祭具の製造などハード面をおもに担当したのに対し、祝詞の奏上、祭儀の執行など神事のソフト面を司った。

本来は忌部氏も中臣氏も同格的な立場であったと思われるが、七世紀に中臣氏に鎌足《かまたり》が出て天智《てんじ》天皇の寵臣として活躍すると、中臣氏が勢いをもちはじめる。鎌足は天智天皇八年（六六九）の病没の寸前に天皇から功績をたたえられて「藤原」のウジ名を賜り、藤原氏が誕生。藤原氏は奈良時代に入ると不比等《ふひと》らの活躍で朝廷政治の中枢をになうようになり、めざましく発展してゆくのは周知のとおりだ。

その一方で、鎌足系以外の旧来の中臣氏も存続し、本職の神事を担当しつづけたが、彼らも同族である藤原氏の伸張に合わせて勢力を強めていった。先にも触れたが、天武朝で中臣氏が忌部氏より上の朝臣のカバネを得たのは、そのあらわれの一つである。

さらに中臣氏は、宮廷祭祀を独占すべく権勢を武器に忌部氏を疎外しはじめる。具体的には、奈良時代になると、大社への奉幣《ほうへい》の使者に中臣氏ばかりが専任されるという事態が生じた。そのため、忌部氏はその非を朝廷に再三訴え出るようになった。

だが問題は解決されず、九世紀初頭には忌部氏・中臣氏双方が訴え合う「相訴」の状態となってしまった。この争いのさなかの延暦二十二年（八〇三）には、忌部氏はみずからの申請によりウジ名を「斎部《いんべ》」と改めているが、これは凶事を連想させる「忌」の字が訴訟に不利と感じたからだろう。

結局、大同元年（八〇六）八月、勅命による決裁が下り、祈禱のことは中臣・斎部両氏がともに与《あずか》ること、奉幣使には両氏を平等に用いることと定められた（『日本後紀《こうき》』）。斎部（忌部）氏の訴えが認められたとみるべきだろう。

『古語拾遺』を編纂して祭祀伝承をまとめる

この騒動は思わぬ副産物を生んだ。勅裁の翌年の大同二年、斎部広成《ひろなり》によって祭祀の伝統を記した『古語拾遺《こごしゅうい》』が編まれ、時の平城《へいぜい》天皇に撰上されたのである。

『古語拾遺』は、かつては、中臣氏の権勢に圧された斎部氏が家門の伝統を主張すべく天皇に奏上した「愁訴状《しゅうそじょう》」と評価されていた。しかし近年では、同書の序や跋《ばつ》を踏まえ、式《しき》（律令の施行規則）編纂を企図した平城天皇が祭祀に関して斎部氏に諮問を行い、その回答として広成がまとめたのが『古語拾遺』だったとする説が有力になっている。とはいえ、中臣氏の非を認める前年の勅裁が老境に至った広成（撰上時で八十歳を越えていたという）の筆を大いに勇気づけたことは想像に難くない。

『古語拾遺』は①神代、②神武天皇から天平年間までの歴史、③正史が遺漏した祭祀伝承、④御歳神《みとしのかみ》祭祀の古伝承、の四部から構成されていて、「古語に遺《も》りたるを拾う」ことで祭祀のあるべき姿を示すものとなっている。もっとも、中核部分はおおむね記紀を略述するかたちになっているのだが、注目すべきは記紀にはみられない神話・古伝承が随所にみられることである。斎部＝忌部氏独自の伝承が提示されているのだ。

たとえば、『古語拾遺』によると、天地がはじめて分かれ開かれた際に生じた造化三神《ぞうかのさんじん》のうちの一柱高皇産霊神《たかみむすひのかみ》は、はじめに栲幡千千姫命《たくはたちぢひめのみこと》を生み、次に忌部氏の祖神となった天太玉命（太玉命）を生んだという。太玉命を高皇産霊神の子とするのは記紀にはみられない『古語拾遺』独自の伝承である。このことは何を意味しているのだろうか。

高皇産霊神は多様な性格をもつ神だが、記紀神話の神統譜に着目してみると、『日本書紀』本文では、高皇産霊神の娘である栲幡千千姫と、天照大神の子天忍穂耳尊《あまのおしほみみのみこと》の子が、瓊瓊杵尊《ににぎのみこと》となっている。『古事記』では、高皇産霊神の娘の名は万幡豊秋津師比売《よろずはたとよあきづしひめ》となっているが、それでも彼女と天忍穂耳尊の子が瓊瓊杵尊となっている。つまり、瓊瓊杵尊からみると、父方の祖母は天照大神で、母方の祖父が高皇産霊神ということになる。

そこで、『古語拾遺』の言うように、太玉命が高皇産霊神の子、栲幡千千姫命の弟であるならば、太玉命は天孫瓊瓊杵尊の母方の叔父にあたることになり、皇祖神の系譜と結びつく。太玉命の父を高皇産霊神とする『古語拾遺』の伝承は、忌部氏と天皇家のつながりを神統譜上でも主張しようとしたものと言えるだろう。

各地で発展した地方忌部

『古語拾遺』は忌部氏が統率した品部と彼らの祖神のことも明記していて、これも独自の伝承となっている。たとえば、神代箇所の原文には次のように書かれている（〔 〕内は原注）。

「太玉命の率《ゐ》たる神の名は、天日鷲命《あめのひわしのみこと》〔阿波国の忌部等が祖なり。〕、手置帆負命《たおきほひのみこと》〔讃岐国の忌部が祖なり。〕、彦狭知命《ひこさしりのみこと》〔紀伊国の忌部が祖なり。〕、櫛明玉命《くしあかるたまのみこと》〔出雲国の玉作《たまつくり》が祖なり。〕、天目一箇命《あまのまひとつのみこと》〔筑紫《つくし》・伊勢の両国《ふたくに》の忌部が祖なり。〕、と曰《まを》す」

忌部氏の祖神太玉命は、天日鷲命・手置帆負命・彦狭知命・櫛明玉命・天目一箇命の五神を部下とし、それぞれは阿波忌部、讃岐忌部、紀伊忌部、出雲の玉作、筑紫忌部・伊勢忌部の祖になったという。

『古語拾遺』にもとづく忌部神の系譜

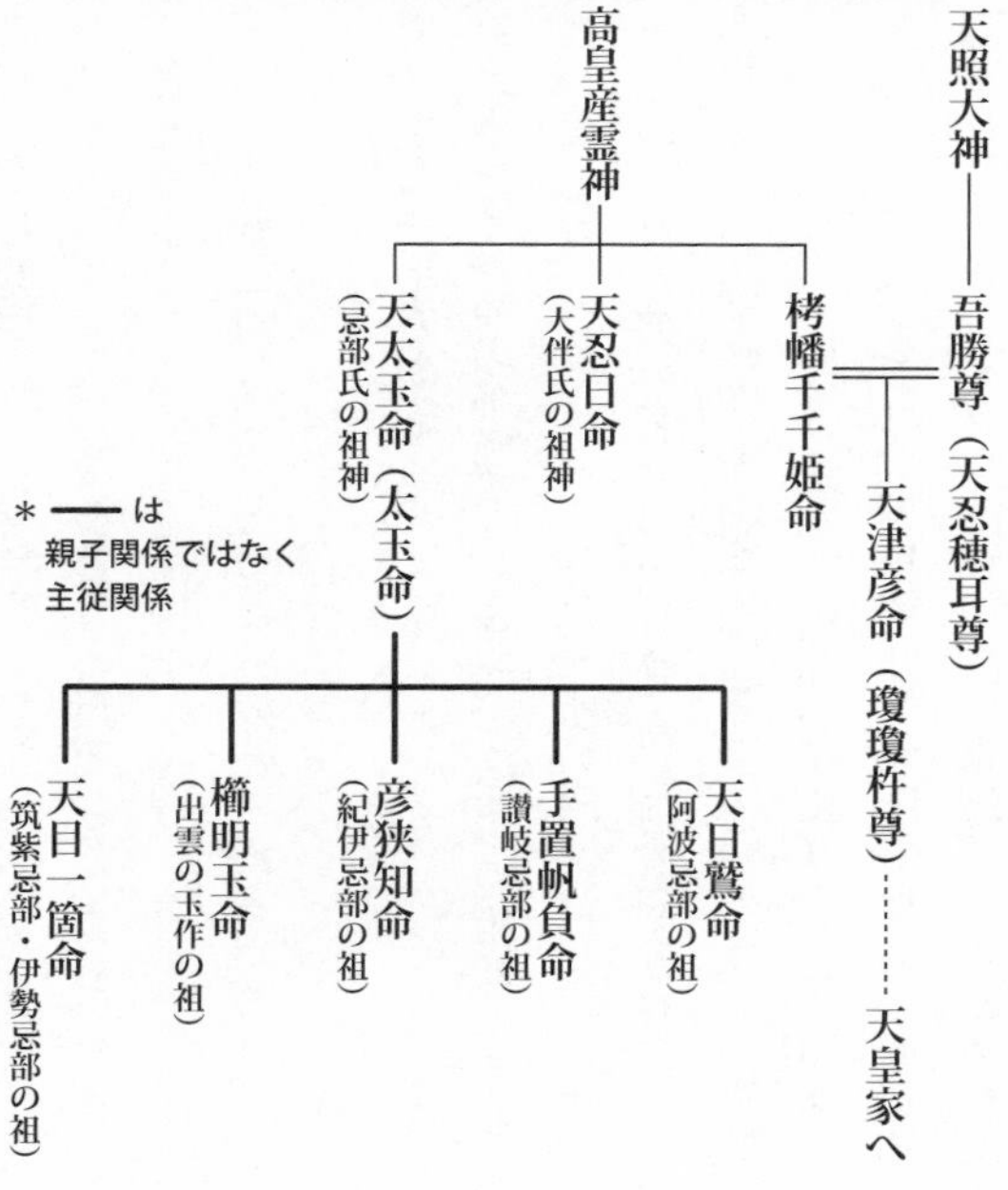

少々ややこしいが、太玉命を祖とする忌部氏を直接朝廷に仕える中央忌部とすれば、阿波忌部以下の諸族(彼らはウジに仕える部民《べみん》なので、厳密に言うとウジではない)は、地方忌部と表現できよう(「出雲の玉作」は出雲で玉作りを行って朝廷に貢進した忌部系の部民と考えられる)。地方忌部は、阿波が木綿《ゆう》(楮《こうぞ》の皮を原料とする糸。榊に掛けて垂らす)・麻布を、紀伊が宮殿の材木を、出雲が玉を、

という具合に祭祀に必要な物資の貢納を分担していたとみられ、彼らを部民として統轄したのが中央忌部であった。太玉命と天日鷲命以下の諸神に親子関係が想定されていないことが寓意するように、中央忌部と地方忌部とのあいだにとくだん血縁関係はなかったのだろうが、同じ職能に従事して朝廷に奉仕するということで彼らは広く同族意識、主従意識をもっていたのだろう。そのことを反映するのが、『古語拾遺』の太玉命と地方忌部の祖神をめぐる記述なのである。

『古語拾遺』の天岩屋の箇所では、太玉命と天日鷲命以下五神が一致協力して大神出現を乞う祭祀を行う様が、神武天皇の即位祭祀の箇所では、これらの神々の子孫が祭祀具を整える様が、それぞれ描写されている。

大嘗祭のアラタエ調進をになった阿波忌部

地方忌部のうちとくに注目したいのは阿波忌部である。

まず阿波国（徳島県）は忌部系の神を祀る式内大社《しきないたいしゃ》を三社も擁し（大麻比古《おおあさひこ》神社・忌部神社・天石門別八倉比売《あめのいわとわけやくらひめ》神社）、さながら忌部王国のごとき観を呈している。加えて阿波忌部については、『古語拾遺』の神武天皇の箇所におよそ次のようなことが書かれている。

「神武天皇の即位祭祀のために、天日鷲命（阿波忌部の祖神）の孫が木綿・麻糸・アラタエ（麻で作られた特別な織物）をつくった。これをきっかけに天日鷲命の子孫（つまり阿波忌部）は穀《かじ》の木（木綿《ゆう》の原料か）と麻の栽培に適した阿波国麻殖《おえ》郡（徳島県の吉野川流域）に住み着き、大嘗祭《だいじょうさい》（天皇即位後はじめての新嘗祭《にいなめさい》）のたびに木綿とアラタエを作って奉るようになった」

木綿や麻は神事で神に捧げる重要な供え物（幣帛《へいはく》）であり、アラタエは麻で織られた特別な服で、神衣《かんみそ》のようなものと言える。これらを大嘗祭で用いる際、その制作と貢進を阿波忌部がになったというのだ。とくに重視されたのはアラタエであったようで、『延喜式』（九二七年成立）の大嘗祭について詳細に規定した「践祚大嘗祭」巻にも、阿波忌部によって作られたアラタエが大嘗宮に運ばれる手順が詳述されている。

大嘗祭における阿波忌部によるアラタエの貢納をとくに「アラタエ調進」と言うが、これは南北朝時代まで継続した。南北朝の争乱の影響でいったん途絶してしまったが、中絶からおよそ六百年後の大正四年（一九一五）の大正天皇の大嘗祭の折に、阿波忌部直系の子孫である三木《みき》家の熱心な働きかけによってアラタエ調進が復活した。そして昭和、平成、令和の大嘗祭でも古式に則って実施されたのである。

筆者は令和元年（二〇一九）十一月の大嘗祭の数カ月前、ある雑誌の取材で阿波忌部の里である徳島県美馬《みま》市山中の集落木屋平《こやだいら》を訪ね、令和のアラタエ調進を統轄した三木家当主の三木信夫氏から貴重な話を伺う機会をもつことができた。

アラタエ調進はアラタエの材料となる麻の種を畑に播いて栽培することからはじまる。そこは山奥の辺鄙な場所だったが、良質の麻の栽培には適した風土なのだという。

平成のアラタエ調進も経験されていた三木氏は「アラタエとは神の依《よ》り代《しろ》ではないでしょうか」などと鋭い指摘をされていたが、一方で、過疎化や少子高齢化の影響でアラタエ調進の知識や技術を次世代に継承してゆくことが難しくなっていることを憂慮されていた。令和の次の時代の大嘗祭は、どのようなものになるのだろうか。

江戸時代に流行した忌部神道

九世紀初頭、忌部(斎部)氏に味方するような勅裁が下り、忌部氏の祭祀の伝統をあますところなく伝える『古語拾遺』を天皇に撰上したことで、忌部氏は再興の機運をつかんだはずであったが、この後の忌部氏がとくにめざましい活躍したという話は聞かない。やはり、中臣・藤原両氏の圧倒的な権勢に圧されてしまったのだろうか。そもそも職人気質の強い氏族なので、政治的な野心はあまり持ち合わせていなかったにちがいない。平安時代も後半になると、朝廷の神祇祭祀も形骸化がすすんでゆくので、おそらくこのことも忌部氏の衰退に影響を与えただろう。

ところが、南北朝時代にはやや復興の兆しがあらわれた。忌部氏の人物とされる忌部正通《まさみち》が、中世を代表する『日本書紀』の注釈書『神代巻口訣《じんだいかんくけつ》』を著したのだ。同書の正確な成立年は不明だが、貞治《じょうじ》六年（一三六七）記の正通による自序をもつ。

そして江戸時代初期になると、忌部氏嫡流を称する神道家忌部坦斎《たんさい》（広田丹斎）が『神代巻口訣』の神道説を受けて『神代巻神亀抄《じんきしょう》』などを著し、根本崇源《すうげん》神道なるものを唱導した。根本崇源神道は「忌部神道」を別称とし、垂加《すいか》神道を創唱した山崎闇斎《やまざきあんさい》や山鹿素行《やまがそこう》などの儒学者に影響を与えている。

もっとも、正通については履歴がいっさい不明で、『神代巻口訣』はじつは近世の成立で、彼は著者に仮託されただけではないか、とする見方もある。また、正通にしても坦斎にしても、はたして本当に忌部氏の人物なのか、という疑問もある。

とはいえ、忌部神道が江戸時代の人びとに受け入れられたのは、由緒ある神祇氏族である忌部氏の名があったればこそだったのだろう。

第六章

吉備氏
——ヤマト王権を脅かした瀬戸内の大豪族

豊かな風土に恵まれた吉備王国

現在の岡山県全域と広島県東部を含む地域は、古代には吉備《きび》（吉備国）と呼ばれた。吉備という地名はすでに記紀神話に登場していて、『日本書紀』では、イザナギ・イザナミの国生みによってあらわれた大八洲国《おおやしまくに》の一つに「吉備子洲《きびのこしま》」が挙げられている。吉備子洲とは岡山県の児島半島のことで、中世までは本土とは海で隔てられた島であった。

壬申《じんしん》の乱（六七二年）後の律令《りつりょう》制下では備前《びぜん》・備中《びっちゅう》・備後《びんご》の三国に分割され、和銅六年（七一三）には備前の北部が美作《みまさか》として分立されるというようにして、分断されてゆくのだが、そうなるまでは、吉備は一大勢力を形成して繁栄をみた。

それは一つには、地味豊かな風土に恵まれていたからだろう。北側の中国山地からは大小の河川が流れ、肥沃な平野を貫き、やがて海上交通の大動脈でもある瀬戸内海に注ぎ込む。加えて気候は温暖である。弥生文化の到来とともにこの地に稲作が急速に普及したのは当然で、そのことが、吉備という、政治的・文化的、あるいは宗教的なまとまりをもったクニを早くから形成させることにもつながったのだろう。中国山地が優良な砂鉄の産地であったことも吉備を強固にしたと言われる。

それゆえに、時にヤマト王権に対峙する一大勢力ともなったのである。「吉備王国」という表現もみられる所以である。

そんな吉備国を率いたのが、吉備《きび》氏であった。

応神天皇によって吉備の首長に任じられた御友別の一族

地方豪族の代表でもある吉備氏は臣《おみ》のカバネを得たが、これから説明するように、氏族というよりは諸氏族が同盟した政治集団とでも評すべき、裾野の広い豪族である。

神話的記述はひとまず措いてそのルーツを探ってみた場合、史書における具体的な始祖伝承としてまず注目されるのは、『日本書紀』の応神《おうじん》天皇紀である。

応神天皇の妃の一人に兄媛《えひめ》という女性がいた。彼女は吉備の出身で、吉備氏の祖とされる御友別《みともわけ》の妹であった。あるとき、兄媛は久しく会っていない故郷の両親をしきりに思慕し、天皇の許しを得て吉備に里帰りした。数カ月後、兄媛を恋しがった天皇は彼女のあとを追って吉備に向かい、葉田《はだ》の葦守宮《あしもりのみや》に入った。葦守宮は足守川《あしもりがわ》中流の岡山市足守町付近に比定されている。

そのときのことについて、応神天皇二十二年九月十日条は、およそこう記している。

「葦守宮の天皇のもとに御友別が参内《さんだい》し、兄弟子孫を膳夫《かしわで》(料理人)にして饗応した。天皇は御友別が謹み畏《かしこ》んで仕える様子を見て喜び、吉備国を割いて彼の子供や兄弟に領地を与えた。

まず、川島県《かわしまのあがた》（岡山県倉敷市玉島地区・浅口市付近か）を長男の稲速別《いなはやわけ》に与えた。彼は下《しもつ》道臣《みちのおみ》の始祖である。

次に、上道県《かみつみちのあがた》（岡山市東部）を二男の仲彦《なかつひこ》に与えた。彼は上道臣《かみつみちのおみ》・香屋臣《かやのおみ》の始祖である。

次に、三野県《みののあがた》（岡山市北半の、旭川より西側の地）を（三男の）弟彦《おとひこ》に与えた。彼は三野臣《みののおみ》の始祖である。

また、波区芸県《はくぎのあがた》（岡山県笠岡市付近か）を御友別の弟鴨別《かもわけ》に与えた。彼は笠臣《かさのおみ》の始祖である。

また、苑県《そののあがた》（倉敷市真備町《まびちょう》の北部か）を御友別の兄浦凝別《うらこりわけ》に与えた。彼は苑臣《そののおみ》の始祖である。

また、織部《はとりべ》（機織をする品部《しなべ》）を兄媛に与えた。

彼らの子孫が今も吉備国にいるのは、このような由縁があるのだ」（「県」の訓をコオリとする説もある）

応神天皇が愛妃の兄御友別の子と兄弟に吉備国の主要エリアを領地として与えたというのである。文脈からすれば、御友別一族はもともと吉備国に住み、吉備国を事実上支配していたわけなのだから、改めて天皇に故郷の地を与えられるというのはいささか奇妙な話だが、要は、天皇によって彼らがそれぞれ吉備の地方首長（県主《あがたぬし》）に正式に任命された、封《ほう》じられたということなのだろう。天皇のもとに妃を送り込んで姻戚関係を築いたことによって、吉備氏がヤマト王権から吉備の盟主としての地位を公認されたということである。このことは同時に、吉備氏が天皇に服属したことを暗に示しているとも言える。

吉備グループの始祖、御友別の実像

この記事のもう一つのポイントは、彼らの子孫がそれぞれ下道・上道・香屋・三野・笠・苑といった諸氏として続いたということだろう。これらは吉備氏の分氏と言えるわけだが、むしろ、これら諸氏の総体が吉備氏であると言ったほうがより実態に近いのかもしれない。というのも、これらのうち上道氏と下道氏はそれぞれ「吉備」を冠して「吉備上道」「吉備下道」とも称して吉備勢力を代表したが、神話・伝説的時代とごく一部の例外を除けば、八世紀半ばまで、「吉備」の二文字だけを正式なウジ名した氏族はなかったからだ。そして彼ら諸氏の大元が、つまり吉備氏（吉備臣氏）総体の始祖が、応神天皇の義兄にあたる御友別だというのである。

応神天皇は第十五代の天皇で、実在していたとすれば四世紀から五世紀にかけての人物と考えられるが、この吉備氏始祖説話を含め、応神天皇紀の記事をすべてそのまま史実とみなすことは難しいとされている。しかし、この説話について言えば、素朴なだけに、吉備氏オリジナルの古い始祖伝承、始祖系譜を記した可能性が高いとみるべきだろう。古代史学者の門脇禎二氏は、兄媛、仲彦、弟彦といった非固有名詞的な素朴な名前や「別」号は古様の伝承によくみられるものなので、この始祖伝承の古さを物語っていると指摘している（『吉備の古代史』）。

さらには、こう考えることもできるだろう。応神天皇紀は吉備の諸氏が兄弟関係にあったとしているが、事実は異なり、吉備内には始祖を異にする複数の地域勢力が並立していたが、ある時期に彼らは連合を成立させ、擬制的な血縁関係が結ばれたのではないかと。

四道将軍説話に登場する吉備氏の遠祖

ところが、『古事記』『日本書紀』は、今説明した応神天皇紀とは異なる吉備氏の始祖伝承も載せている。

まず『古事記』をみると、第七代孝霊《こうれい》天皇の段に次のようなことが書かれている。

孝霊天皇と意富夜麻登玖邇阿礼比売命《おおやまとくにあれひめのみこと》（別名は蠅伊呂泥《はえいろね》）とのあいだに、比古伊佐勢理毘《ひこいさせりび》古命《このみこと》という皇子が生まれ、彼はまたの名を大吉備津日子命《おおきびつひこのみこと》と言った。また、天皇と意富夜麻登玖邇阿礼比売命の妹蝿伊呂杼《はえいろど》とのあいだには、若日子建吉備津日子命《わかひこたけきびつひこのみこと》が生まれた。

大吉備津日子命と若日子建吉備津日子命はそろって播磨《はりま》国の氷河岬《ひかわさき》に忌瓮《いわいべ》(神聖な甕《かめ》)を据えて神を祀り、播磨国を吉備国に入る道の入口とし、吉備国を平定した。甕を岬に据えるというのは、邪神や邪気を封じるための呪術と解することができよう。

そして『古事記』は、大吉備津日子命が上道臣の祖であり、若日子建吉備津日子命が下道臣と笠臣の祖であるとも注記する。上道も下道も笠も、先に記したように吉備氏に含められる氏族である。

次に『日本書紀』の孝霊天皇の章をみると、天皇と倭国香媛《やまとくにかひめ》(別名は絙某姉《はえいろね》)とのあいだの皇子に彦五十狭芹彦命《ひこいさせりびこのみこと》がいて、またの名を吉備津彦命《きびつひこのみこと》と言ったとある。さらに、天皇と絙某弟《はえいろど》のあいだの皇子に稚武彦命《わかたけひこのみこと》がいて、彼は吉備氏の始祖だと記されている(「稚武彦命は、是《これ》吉備臣が始祖なり」)。

さらに『日本書紀』の続きを読んでゆくと、孝霊天皇の三代後の第十代崇神《すじん》天皇の時代にも吉備津彦命が登場する。

崇神天皇十年、天皇は大和だけではなく僻遠の国々も王化することを望み、四人を将軍に選んで四方に派遣した。すなわち、北陸には大彦命《おおびこのみこと》を、東海には武渟川別《たけぬなかわわけ》を、丹波には丹波道主命《たにはのみちぬしのみこと》を遣わし、西道《にしのみち》には吉備津彦命を遣わしたのである。「西道」は律令制下の山陽道にあたる地域で、吉備を中心としたエリアである。四人の将軍は翌年には帰京し、平定の状況を奏上したという。いわゆる四道将軍説話である。

実在性の薄いキビツヒコとワカタケヒコ

ここで記紀の記述を照合してみると、『古事記』の大吉備津日子命と『日本書紀』の吉備津彦命、『古事記』の若日子建吉備津日子命と『日本書紀』の稚武彦命は、系譜などからしてそれぞれ同一人物とみなすことができよう。そこで以下では、わかりやすくするために、前者をキビツヒコ、後者（すなわちキビツヒコの異母弟）をワカタケヒコという表記に統一することにしたい。

記紀の記述を比べてみると、『古事記』ではキビツヒコ、ワカタケヒコともに吉備氏の始祖とされているのに、『日本書紀』ではワカタケヒコのみ吉備氏の祖となっていて、キビツヒコが外れ、吉備との関係が触れられていないのが気にかかる。だが、逆に『日本書紀』ではキビツヒコは四道将軍のひとりとして吉備方面に派遣されているので、ここに吉備との関係が示唆されているとも考えられる。それを証しするかのように、吉備地方にはキビツヒコが崇神朝の頃に大和から派遣されたとする伝承があり、吉備国の総鎮守である吉備津神社はキビツヒコを主祭神とし、彼は吉備氏の始祖的な地位に置かれている。

キビツヒコ、ワカタケヒコが吉備氏の始祖だとすると、先に触れた応神天皇紀で吉備氏の祖とされている御友別との関係はどうなのか。記紀はこのことに言及していないが、ふつうに考えれば、キビツヒコもしくはワカタケヒコの子孫が御友別ということになろう。平安時代初期成立の『新撰姓氏録《しんせんしょうじろく》』の「吉備臣」条（「右京皇別《こうべつ》下」）は、ワカタケヒコの孫が御友別だとしている。

また『古事記』は、第十二代景行《けいこう》天皇の后でヤマトタケルを生んだ針間伊那毘能大郎女《はりまのいなびのおおいらつめ》をワカタケヒコの娘としていて、さらに東征するヤマトタケルに従者として「吉備臣等《ら》が祖、名は御鉏友耳建日子《みすきともみみたけひこ》」が仕え、彼の妹大吉備建比売《おおきびたけひめ》がヤマトタケルの妃になったとしている。御鉏友耳建日子という名前は御友別を連想させるものがあるが、『日本書紀』ではこれにあたるヤマトタケルの副官は吉備武彦《きびのたけひこ》となっている。記紀は明記しないが、ワカタケヒコ→御鉏友耳建日子＝吉備武彦→御友別という系譜が想定できよう。

しかし、ここで改めて考えてみると、キビツヒコ・ワカタケヒコ兄弟の父である孝霊天

吉備氏主要系図

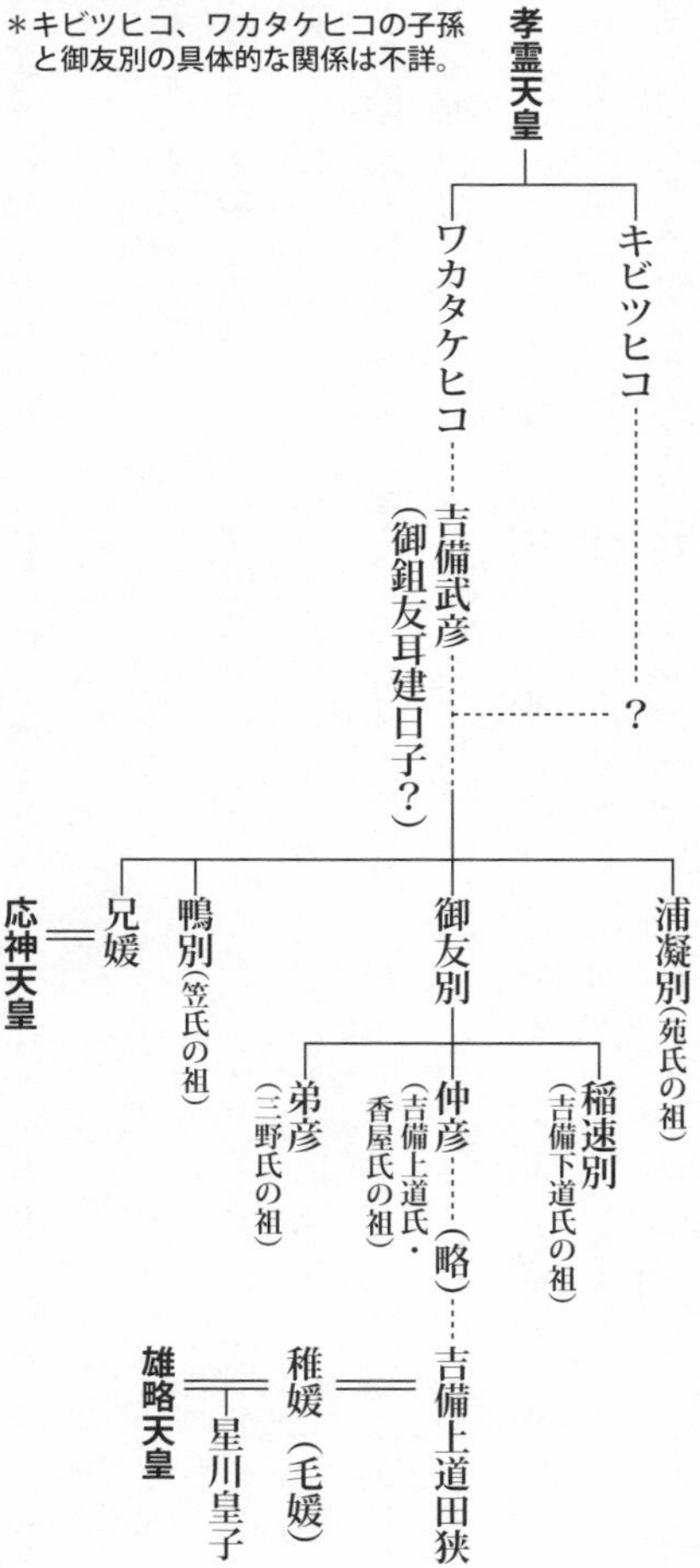

＊キビツヒコ、ワカタケヒコの子孫と御友別の具体的な関係は不詳。

皇は、いわゆる欠史八代のひとりで、実在が強く疑われる天皇である。崇神朝の四道将軍説話や景行朝のヤマトタケル東征伝説も、史実的な裏づけに乏しい、多分に神話的・伝説的記述である。つまり、キビツヒコもワカタケヒコも御鉏友耳建日子（吉備武彦）も実在性は薄いと言わざるを得ない。

こうしたことから推測すれば、吉備氏の系譜はやはり応神天皇紀のものが信頼性が高く、吉備氏の人物として実在性が高まるのは、吉備地方の豪族であった御友別からと考えるのが合理的であろう。キビツヒコ・ワカタケヒコを吉備氏の祖とする記紀の伝承は、吉備氏の先祖を天皇家と結びつけ、吉備氏と天皇家との密接な関係を主張するために、後世になって造作されたものではないだろうか。

記紀はキビツヒコの本名をヒコイサセリビコとするが、これなどは、古代ヤマトの伝説的な将軍王族ヒコイサセリビコをめぐる伝承がまず先にあり、それが後になってキビツヒコ——この名は個人名というよりは「吉備氏の先祖」を意味する普通名詞のようなものだろう——と接続されたことを暗示しているのではないだろうか。

「星川皇子の乱」に登場する吉備氏

古代史の中で吉備氏が次に大きくクローズアップされるのは、五世紀後半に在位したとみられる雄略《ゆうりやく》天皇の時代になる。吉備氏がヤマト王権に抑圧され、それに連動して吉備氏の血を引く皇子が反乱を起こすのだ。

やや煩雑な話になってしまうが、少々ご辛抱いただきたい。

『日本書紀』によると、雄略天皇七年、吉備氏のうちの下道氏に属する吉備下道前津屋《きびのしもつみちさきつや》が、吉備に一時帰郷した雄略天皇の舎人《とねり》が都に戻ることを許さず、そのうえ、天皇を呪詛するような行為をした。そのことを聞き知った天皇は、兵士を吉備に遣わして前津屋とその一族七十人を誅殺した。

同じころ、上道氏に属する吉備上道田狭《きびのかみつみちのたさ》は宮殿に上り、やはり上道氏出身の美貌の妻稚媛《わかひめ》のことをしきりに周囲に自慢していたが、これを聞いた雄略天皇は稚媛にいたく興味を示した。そして、田狭を任那《みまな》(朝鮮半島南部)の国司に左遷し、残された稚媛を強引に自分の妃とする。そのため、天皇を憎んだ田狭は、新羅《しらぎ》と通じて援助を得ようとした。天皇は田狭の子の弟君《おときみ》に新羅征討を命じて渡海させるが、田狭は朝鮮に来た弟君を抱き込み、ともに朝廷に叛くことをすすめたという。

『日本書紀』本文では田狭のその後は不詳だが、本文分注には「別本によると、田狭の妻の名は毛媛《けひめ》といい、葛城襲津彦《かずらきのそつひこ》の子玉田宿禰《たまたのすくね》の娘であったが、天皇はその美貌を知ると、夫を殺して自ら召したという」とあって、天皇側の手によってはやくに殺害されたことになっている。

このあたりの吉備氏をめぐる記述は、異伝もあって混乱しているが、とにかく全体として吉備氏が天皇家と対立傾向にあったことは読み取れる。

話を戻すと、雄略天皇の妃となった稚媛は、その後、磐城皇子《いわきのみこ》と星川皇子《ほしかわのみこ》の二人の皇子を生んだ。だが雄略は別の妃葛城韓媛《かずらきのからひめ》が生んだ白髪皇子《しらかのみこ》を皇太子に定め、雄略天皇二十三年八月、重い病に伏すと、大連《おおむらじ》である大伴室屋《おおとものむろや》と東漢掬《やまとのあやのつか》にこう遺詔《いしょう》した。

「星川皇子は邪悪な心を抱いている。もし星川皇子が志を得て国家を治めたら、必ず悪世となる。仁孝のある皇太子を助けよ」

まもなく雄略天皇が亡くなると、遺詔の予言どおり、星川皇子が息子の即位を望む稚媛にそそのかされて謀反を起こし、大蔵《おおくら》の官《つかさ》(朝廷の財政を司る役所)を乗っ取った。室屋と掬はすぐさま軍兵を起こし、大蔵を囲んで火を放つ。これによって星川皇子と稚媛は焼き殺されてしまった。

一方、星川皇子の外戚にあたる吉備上道《きびのかみつみち》氏(名は不明)は、乱の発生を聞きつけると、皇子を救うべく軍船四十艘を率いて出発したが、皇子が焼き殺されたと聞くと、空しく海路を引き返した。

皇太子の白髪皇子は使者を吉備に遣わして吉備上道氏を詰責し、彼らが管掌していた山部《やまべ》(朝廷直轄の山林の生産・管理に従事した部民《べみん》)を奪った。皇太子は翌年正月、即位して清《せい》寧《ねい》天皇となった。

吉備氏の消長を物語る岡山の古墳群

『古事記』の雄略天皇段には、なぜか吉備氏や星川皇子の乱に関する記述はない。そのため、『日本書紀』のこれらの記事の史実性を疑う向きもあるが、吉備地方には『日本書紀』の記述を考古学的に傍証しようとするものが存在する。

それは古墳である。

吉備は古墳時代初期から大型古墳が築造されていたことで知られる。とくに古墳が多いのは岡山平野を南流する足守川の流域で、現在の岡山市と総社《そうじゃ》市、倉敷市にまたがる地域である。そこは古代吉備の中心地であり、応神天皇の行宮《あんぐう》である葉田の葦守宮が築かれたのもこのエリアであった。

このエリアにおいて古墳時代前期を代表する古墳は、足守川東岸の吉備中山《きびのなかやま》の山頂近くにある中山茶臼山古墳である(岡山市北区吉備津)。墳長一二〇メートルの前方後円墳で、四世紀前半の築造と推定されている。古墳時代中期には足守川西岸に全長約三五〇メートルの超大型の前方後円墳造山《つくりやま》古墳が出現する(岡山市北区新庄下)。古墳としては全国で第四位の規模だが、注目されるのは、築造が五世紀前半から中葉と推定されていることだ。この時期には日本最大の古墳である大阪府堺市の大山《だいせん》古墳（伝仁徳《にんとく》天皇陵）はまだ存在しなかった可能性がある。つまり、造山古墳は、築造された時点では日本最大の古墳であったかもしれない。

造山古墳にやや遅れて、その西方に全長約二八二メートルの作山《つくりやま》古墳が築造されている（岡山県総社市三須）。こちらは全国で第十位の規模の古墳である。

しかし、このあたりを境に足守川流域を含めて吉備地方の古墳は規模を縮小させてゆく。

これら大型古墳の被葬者はいまだ特定されていないが、当然、吉備の首長であったはずで、すなわち吉備氏の有力者であっただろう。

吉備の古墳の盛衰をおおざっぱになぞると、三世紀末ごろから前方後円墳がつくられはじめ、しだいにその規模が大きくなり、五世紀前半に頂点を迎え、五世紀後半には急速に縮小してゆく、という流れになる。

この流れは、雄略朝を五世紀後半とする通説にたつならば、『日本書紀』の記事とも符合する。吉備氏は四世紀頃の応神朝には妃を出すなどして天皇家と近しい関係にあり、しだいに肥沃な吉備の風土を背景に勢力を伸ばしてゆく。ところが、五世紀後半の雄略朝では、下道氏の前津屋の誅殺や上道氏の田狭の左遷などが象徴するように、天皇側に牽制されるようになり、ついには吉備氏系の星川皇子の乱の失敗によって大きなダメージを受け、失速を余儀なくされる。天皇側の視点からすれば、巨大古墳を築造しつづける吉備氏のパワーに脅威を抱き、雄略・清寧政権はついに武力も用いて制圧に乗り出した、とも言えるだろう。

そして、この時期のヤマト王権による吉備制圧の史実が、記紀のキビツヒコ・ワカタケヒコによる吉備平定説話のモデルの一つになったと推測することもできよう。

吉備王国絶頂期に築かれた造山古墳に葬られたのは、前津屋か田狭の父親にあたる人物だったのではないだろうか。

弥生時代から独特の祭祀文化を有した吉備

足守川流域は古墳のほかに、弥生時代の墳墓や遺跡も集積している。足守川下流の吉備中山の北麓から平野部にかけての地区には吉備津という地名が残されているが、津という字が示すように、古くはこのあたりまで海が迫り、足守川河口を中心とする湊があったと考えられている。

この地区の弥生遺跡の代表格は倉敷市矢部の楯築《たてつき》弥生墳丘墓（楯築遺跡）だろう。推定墳長八〇メートルの円丘で、弥生時代後期（二世紀末頃）の築造であり、中心主体部は木《もっ》棺木槨《かんもっかく》であったと推定されている。円丘の頂部にはメンヒル（巨石）が複数立っていて巨石群をなしている。かつてこの円丘上に所在した楯築神社の御神体として石祠に納められていた巨石は、帯状の独特の文様が刻まれいて弧帯文石《こたいもんせき》と呼ばれているが（人面と思われる像も刻まれている）、この遺跡に由来する弥生時代の遺物とみられている（現在は墳丘脇の収蔵庫に収められている）。被葬者は吉備の有力首長で、弥生時代には墳丘上は聖域とされ、被葬者を弔う祭祀が執り行われていたと考えられている。

巨石が立ち、独特な祭祀土器が発掘され、吉備地方が弥生時代から独自の宗教や文化を育んでいたことを示唆することになった楯築遺跡《たてつきいせき》。

　また楯築遺跡を含む吉備地方の弥生遺跡からは、特殊器台、特殊壺と呼ばれる特異な土器が出土している。前者は華麗な文様が施された筒形の土器、後者は壺形の土器で、とにかく吉備に特徴的なもので、祭祀に用いられたとするのが通説だ。

これらは吉備地方が弥生時代から独特の宗教や文化を育んでいたことを示唆しており、それは後世の吉備氏にもなにがしか受け継がれ、古墳時代以降の吉備の隆盛に寄与したのだろう。

繁栄した吉備氏がヤマト王権に服属した理由

しかし、なぜそれがさほど長続きせず、ヤマト王権に服属するかっこうとなってしまったのか。

推測するに、それは吉備政権が吉備各地の地域集団からなる連合政権という性格を濃くもっていたからではないだろうか。

応神天皇紀は、御友別から下道氏、上道氏など、六つの吉備氏の分氏が派生したことを記しているが、記紀の記述からすると、これらのうちのどれか一つが主導権を握っていたというわけではなさそうだ。このことは、吉備政権が共和制的な連合政権であったことを示唆している。

一方のヤマト王権はどうかというと、こちらも畿内の有力豪族が結束する連合政権的な性格をもっていたが、その中心には天皇（大王）という強固な核があった。日本列島の東西に勢力の拡充をはかった雄略天皇にはとくに専制君主的な面があり、より強固な核となったはずである。その違いが、吉備の衰退を招いたのではないだろうか。つまり、吉備は強固な核を形成できなかったがゆえに、ヤマト王権に呑み込まれてしまったのではないだろうか。

地政学的にみても、吉備は「核がない」という弱みをもつ宿命にあった。歴史学者の西川宏氏はこう分析している。

「岡山平野の地形は、山や丘陵によって随所に分断され、水利も三大河川やその間の小河川と、多元的である特徴をもっているから、ある一つの有力な部族共同体のもとに、諸農業共同体がすべて統合されてしまう形には進展しなかった」（『吉備の国』）

古代吉備氏を鎮魂する吉備津神社

吉備地方における吉備氏ゆかりの古跡としては、吉備津神社も有名である。

吉備津神社は足守川東岸の吉備中山の西麓に鎮座している（岡山市北区吉備津）。東麓に

吉備中山の西麓に鎮座して吉備氏の遠祖、大吉備津彦大神を祀る吉備津神社。

は吉備津彦神社（岡山市北区一宮）があってまぎらわしいが、両者は全く別個の神社で、歴史が古いと思われるのは前者の吉備津神社で、こちらは備中国一宮《いちのみや》であり、後者の吉備津彦神社は備前国一宮である（吉備津神社は『延《えん》喜《ぎ》式《しき》』「神名帳《じんみょうちょう》」には「吉備津彦神社」と書かれているので、なおややこしいのだが）。ちなみに、広島県福山市にも吉備津神社があるが、こちらは備後国一宮である。

吉備中山の吉備津神社はキビツヒコ（大吉備津彦大神）を主祭神とし、日子刺方別命《ひこさしかたわけのみこと》・倭飛羽矢若屋比売命《やまととびはやわかやひめのみこと》・千千速比売命《ちちはやひめのみこと》・大倭迹迹日百襲比売命《おおやまとととひももそひめのみこと》・御友別命・ワカタケヒコ（若日子建吉備津彦命）・中津彦命・日子寤間命《ひこさめまのみこと》を配祀する。これら九柱のうち、御友別命（吉備氏の祖）と中津彦命（御友別の子で、上道氏・香屋氏の祖）以外は、すべて孝霊天皇の皇子女である。吉備氏との直接的なつながりが見出せない名前もみられるが、キビツヒコ・ワカタケヒコのきょうだいということから吉備氏一族の遠祖とみなされ、祭神に加えられたのだろう。

吉備津神社の創祀は不明だが、社伝の一つによれば、吉備を平定したキビツヒコは吉備中山の麓に「茅葺宮《かやぶきのみや》」を建てて住み、没すると中山の頂の茶臼山（中山茶臼山古墳）に葬られた。その後、五世孫の加夜臣奈留美命《かやのおみなるみのみこと》が宮跡に社殿を建て、キビツヒコを祖神として祀った。これが吉備津神社の起こりだという。加夜臣奈留美命は吉備氏の分氏香屋（賀陽）氏の人物だろう。

しかし、吉備津神社は記紀には全く言及されず、文献上の初出は『続《しょく》日本後紀《こうき》』の承和《じょうわ》十四年（八四七）十月二十二日条の神階授与の記録で、比較的遅い。

吉備中山の麓の吉備津神社の地が、古くから吉備氏にとって神聖な地であった可能性はもちろんあろう。だが、神社としての体裁を整えるようになったのは、吉備氏が昔日の面影を失って久しい飛鳥・奈良時代のことではないだろうか。日本史学者の前田晴人《はると》氏は「吉備津宮（吉備津神社）は天皇に反抗した吉備勢力の怨霊を鎮祭し、あわせて天皇と朝廷を守護する目的で造られた王権ゆかりの神社なのである」と記している（『古代豪族の謎』所収の「吉備氏の研究」）。祭神に皇子女が多く含まれているのも、この見方を裏づけていよう。弥生以来の吉備の祭祀文化はヤマト王権系の神社祭祀とは異質な面をもち、両者は関連はあるにしても、直接つながるものではない。

奈良時代に大活躍した吉備真備

雄略・清寧朝以降の吉備氏をみると、すっかり没落したということはなく、一定の勢力は保ったようだが、朝廷の中枢で活躍するような人物は輩出していない。

例外は八世紀後半に活躍した吉備真備《まきび》である。彼は下道氏の出身で下級官人の子であったが、優秀であったらしく、霊亀《れいき》二年（七一六）遣唐留学生《るがくしょう》に選ばれ、翌年入唐《にっとう》。貪欲に諸学を修めて天平《てんぴょう》六年（七三四）に帰国した後は、留学経験を買われて朝廷に重用されるようになり、阿倍《あべ》内親王（後の孝謙《こうけん》・称徳《しょうとく》天皇）の師として『礼記《らいき》』『漢書《かんじょ》』などを講じた。天平十八年には下道朝臣《しもつみちのあそん》から吉備朝臣に改賜姓《かいしせい》。天平勝宝《てんぴょうしょうほう》三年（七五一）には遣唐副使に任じられて再び入唐。二年後に帰国した後は大宰大弐《だざいのだいに》、造東大寺司《ぞうとうだいじし》長官、大納言などを歴任し、天平神護《てんぴょうじんご》二年（七六六）には右大臣《うだいじん》にまで出世している。学者としても政治家としても高い評価を得た人物であった。

真備自身は畿内で出生したとも言われているが、倉敷市に真備町《まびちょう》という地名が残る（旧吉備郡真備町）。このあたりは真備《まきび》を生んだ下道氏が盤踞した地であった。

第七章

出雲氏

――オオクニヌシを祀りつづける出雲大社の宮司家

古代の国造制と現代まで続く出雲国造家

大国主神《おおくにぬしのかみ》を祀る出雲大社の宮司は、古来「出雲国造《いずもこくそう》」という称号を継承していることで知られる。

継承家には千家《せんげ》と北島《きたじま》の二家があり、令和三年（二〇二一）現在、千家家側は尊祐《たかまさ》氏が第八十四代出雲国造に、北島家側は建孝《たけのり》氏が第八十世出雲国造に就いている。

だが、このように二家が大社の宮司職を分掌するようになったのは南北朝時代からのことで、それ以前は両家は一つの氏族であり、「出雲臣《いずものおみ》」を称していた。つまり、臣をカバネとした出雲氏である。

「国造」は本来は「こくぞう」または「くにのみやつこ」と読まれ、ヤマト朝廷に服属した地方首長に与えられた称である。「みやつこ」とは「朝廷に仕える人」の意だろう。現代で言えば知事に相当する。国造はその地域社会を元来支配していた豪族が任じられるのがふつうで、その地位は世襲された。つまり、国造とは、由緒ある有力な地方豪族であることを証しする称号と言える。

国造制が整えられた時期は、記紀によれば、第十三代成務《せいむ》天皇が前代の景行《けいこう》朝の諸国平定を受けて国・県《あがた》などの行政区画を整えたときだが、これを史実として支持する研究者は少ない。

国造制の整備時期をめぐっては諸説があるが、ヤマト王権の支配地域が確実に拡大していった五世紀から六世紀にかけての時期にはある程度整っていたとみるべきだろう。平安時代前期に編まれたとされる『先代旧事本紀《せんだいくじほんぎ》』の巻第十「国造本紀」は全国の国造名を記録した貴重なもので、大化《たいか》前代の史料がもとになっていると思われるが、全国を構成する百三十余りの国(国といってもさほど広くなく、律令《りつりょう》制下の郡に近いものも多い)それぞれについて、初代国造名や任命期などが列挙されている。

ところが、七世紀半ばに大化の改新によって地方行政の改革が行われて新たな国・郡制に切り替えられると、国造は郡司《ぐんじ》にスライドされ、代わって中央から派遣された国司《こくし》が各郡司を束ね、一国として統治することになった(正確に言うと、郡は当初は「評」と記され、大宝元年(七〇一)制定の『大宝律令《たいほうりつりょう》』によって「郡」に改められた)。なお、郡司は大領《たいりょう》・少《しょう》領《りょう》・主政《しゅせい》・主帳《しゅちょう》の四官からなるが、狭義には大領・少領のみをさしてこれを郡領と呼び、国造がおもに任じられたのは郡領のほうであった。

これによっていったん国造制は消滅したが、彼らの中には伝統的な祭祀を管掌するかたちで権威を保った者もいた。そして、天武《てんむ》天皇五年(六七六)頃からは各国に地方神祇官《じんぎかん》として新国造（律令国造）が置かれることになり、有力な旧国造がこれに就いて祭祀を司ることになった。

しかし平安時代に神祇制度が形骸化してゆくと、国造は名誉職化して徐々に姿を消してゆく。ところが、そのなかにいくつかの例外があった。それが阿蘇国造、紀伊国造、出雲国造などで、彼らは有力神社の宮司職を世襲するかたちで残存し、現代にまで続いているのだ。したがって、現代の出雲国造家（千家家・北島家）は、「生ける古代豪族」とも評しえよう。

記紀に記された出雲氏の神話的ルーツ

では、出雲国造家、すなわち出雲氏の歴史はどこまでたどることができるのだろうか。彼らの初代とは誰なのだろうか。

出雲氏の神話的ルーツは、記紀神話のなかに示されている（以下に頻出する神名は史料によって漢字表記に異同が多いので、カタカナで表記する）。

『古事記』によると、天《あめ》の安《やす》の河原でアマテラスとスサノオが「誓約《うけい》」（吉凶や正邪を決める占いの一種）をして子を生んだとき、スサノオがアマテラスの勾玉《まがたま》を嚙んで吐き出した息からまずアメノオシホミミが生まれ、次にアメノホヒが生まれるが、『古事記』はここで、アメノホヒの子のタケヒラトリが出雲国造の祖であると注記している。

『日本書紀』にも同じような誓約の場面があり、ここでも、アマテラスの勾玉を嚙んだスサノオの息からアメノオシホミミとアメノホヒが生まれ、アメノホヒについては出雲臣の祖と注記されている（神代上・第六段正文）。

つまり出雲氏の始祖はアメノホヒであり、二代目がタケヒラトリということになる。

アメノオシホミミとアメノホヒは、スサノオの息から生まれているが、アマテラスが身に着けていた玉を物実《ものざね》として生まれたので、どちらもアマテラスの御子ということになっている。そしてアメノオシホミミの子が天孫ニニギで、ニニギの子孫が天皇家である。つまり、出雲氏はアマテラスの次男を祖先としているわけで、ということは、アマテラスの長

出雲大社本殿。2000年に出雲大社境内から出土した3本の巨木からなる「宇豆柱《うずばしら》」は、『古事記』の国譲り神話が伝える大国主神の巨大神殿を彷彿とさせた。

『日本書紀』にもとづく出雲氏略系図

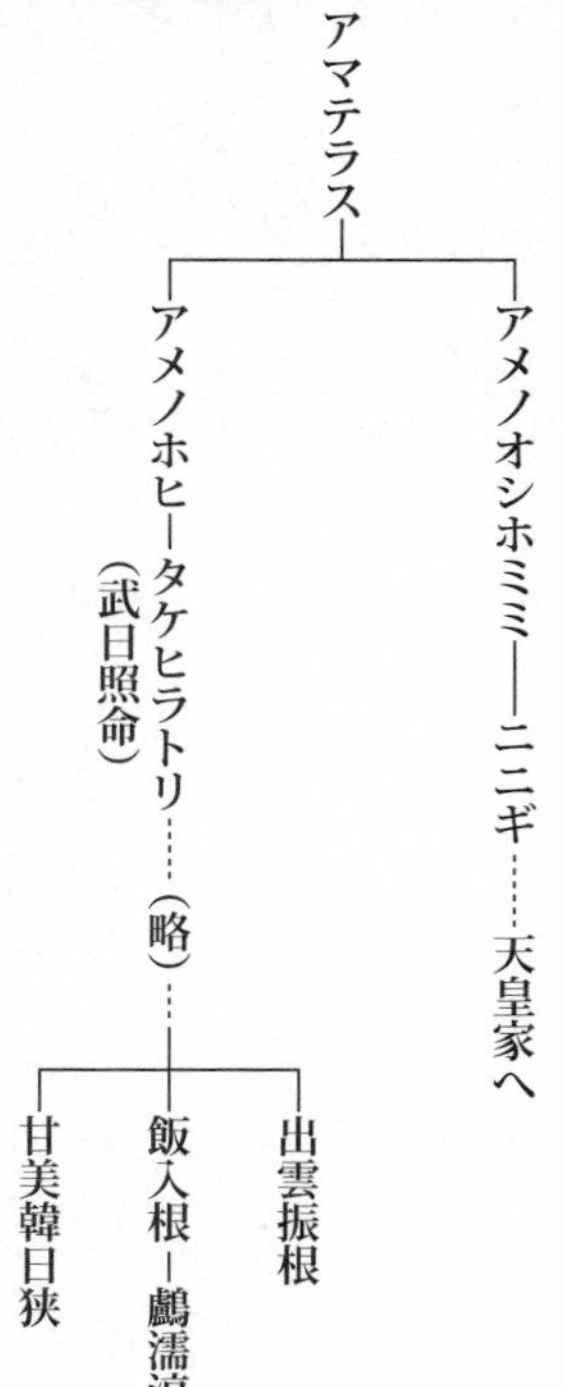

男アメノオシホミミの子孫である天皇家とも神統譜上では縁続きということになる。

アメノホヒは、記紀神話の中核である「国譲り神話」にも登場する。

『古事記』によると、高天原《たかまのはら》のアマテラスとタカミムスヒは、葦原中国《あしはらのなかつくに》（地上世界）を服従させるべくアメノホヒを下界に派遣する。ところが、アメノホヒは葦原中国に君臨するオオクニヌシにこびへつらい、三年たっても復命しなかった。そこで次にアメノワカヒコが派遣されるが、この神も邪心を抱き、八年たっても復命しなかった。そこでタケミカヅチが遣わされて出雲国に降臨。オオクニヌシに国譲りを迫り、最終的にオオクニヌシは、出雲に自分の住みか（神殿）を建ててもらうことを条件に葦原中国を献上し、天つ神に服従した。『日本書紀』にもほぼ同様の内容が記されているが、これらが出雲大社の縁起説話になっている点も注目したい。

国譲り神話の文脈からすれば、アメノホヒは、アマテラスらの命令を受け地上世界を服属させるべく天降《あまくだ》ったが、地上の居心地が良かったのか、オオクニヌシの本拠である出雲に留まり、そのまま帰ることがなかった――ということになろう。言うなれば、親神を裏切って出奔してしまったようなもので、記紀神話におけるアメノホヒの立場は、あまり芳しいものではない。

崇神朝に登場する出雲氏の遠祖たち

次に、出雲氏の歴史的なルーツはどこまでたどることができるだろうか。

記紀を読み進めていくと、『日本書紀』の第十代崇神《すじん》天皇の章に出雲氏をめぐる比較的長い記事があらわれる。要約してみよう。

「崇神天皇六十年七月十四日、天皇は出雲大神の宮（オオクニヌシを祀る出雲大社のことか）に納められている、武日照命《たけひなてりのみこと》（タケヒラトリの別名。武夷鳥《たけひなとり》、天夷鳥《あめひなとり》とも書かれる）が天から持ってきたという神宝を見たいと言い出し、武諸隅《たけもろすみ》という人物を出雲に遣わして、朝廷へ献納させようとした。

当時、出雲の神宝を管理していたのは出雲氏の遠祖である出雲振根《いずものふるね》であったが、この時期、彼はたまたま九州の筑紫国《つくし》に出かけていて、出雲を留守にしていた。そのため、朝廷から派遣された武諸隅の応対をしたのは振根の弟飯入根《いいいりね》で、飯入根は独断で皇命を受け入れ、神宝を弟の甘美韓日狭《うましからひさ》と子の鸕濡渟《うかづくね》とに持たせて朝廷に貢上した。

筑紫から帰郷した振根は、大切な出雲の神宝が朝廷に献じられてしまったことを知ると激怒し、飯入根を謀殺してしまった。

天皇恭順派である甘美韓日狭と鸕濡渟が朝廷に参向し顚末を報告すると、朝廷側は吉備《きび》津彦《つひこ》と武渟河別《たけぬなかわわけ》を出雲に派遣し、振根を誅殺した。出雲臣たちはこのことを恐れ畏《かしこ》んで、出雲大神（オオクニヌシのことか）の祭祀をしばらくのあいだ中断した」

崇神天皇の時代に、祖神に由来する神宝を管理する出雲振根という豪族が出雲にいて、その彼が出雲氏の遠祖だというのである。つまり振根はアメノホヒの神裔であった。ところが、神宝が天皇に没収されたことに反発した振根は、天皇が派遣した征討軍に誅殺されてしまったという。事件に振根の弟や甥（飯入根、甘美韓日狭、鸕濡渟）もからんでいて、出雲一族の内紛がらみになっていることもこの話のポイントである。

振根殺害後の出雲氏がどのように続いたのかは『日本書紀』は明記しないが、先に触れた『先代旧事本紀』「国造本紀」は、崇神朝に「天穂日命《あめのほひのみこと》十一世孫、宇迦都久奴命《うかづくぬのみこと》」がはじめて出雲国造に任じられたとしている。宇迦都久奴命は『日本書紀』の鸕濡渟（振根の弟飯入根の子）と同一人物とみるべきで、出雲氏は振根の甥の系統で続いたということになろう。

『古事記』には出雲神宝事件は書かれていないが、その代わり第十一代垂仁《すいにん》天皇の段に、「出雲国造の祖、名は岐比佐都美《きひさつみ》」という人物が登場している。岐比佐都美は、言葉を発することができない垂仁天皇の皇子本牟智和気御子《ほむちわけのみこ》が、「出雲大神を祀る宮を修繕するならば物を言うことができるようになる」という神託にもとづいて出雲大神を参拝した際、肥《ひ》の河《かわ》（斐伊川《ひいがわ》）に架けた橋に設けられた仮宮で皇子を饗応したという。そしてその饗応の折、皇子は突然言葉を発して口がきけるようになったという。岐比佐都美は鸕濡渟の子孫だろうか。

このように記紀の初期天皇の記事には出雲氏系の人物が断片的に登場するが、彼らの関係や系譜は必ずしも明確ではない。

古系図が伝える出雲氏の原像

出雲国造家の北島家には、「国造北島氏系譜抄録」とか「国造北島氏系譜」と呼ばれる文書が伝わっている（村田正志編『出雲国造家文書』に収録）。始祖アメノホヒ、二祖タケヒラトリにはじまる出雲氏の系図を記したもので、最終的な成立は江戸時代初期の寛永《かんえい》年間（一六二四〜四四年）だが、現存する出雲氏の系図としては最古のものである。全面的に信用できる史料ではないが、奈良時代以前にあたる部分は用字などに古いかたちを残しており、出雲氏に伝わっていた古系図をもとにした貴重な記録とみられている（高嶋弘志「出雲国造の成立と展開」、水野祐監修『古代王権と交流7　出雲世界と古代の山陰』所収）。最初の方を抜き出してみると、次のようになる。

①天穂日命―②武夷命―③伊佐我命―④津狭命―⑤櫛瓺前命―⑥櫛月命―⑦櫛瓺嶋海命―⑧櫛田命―⑨知理命―⑩世毛呂須命―⑪阿多命―⑫伊幣根命―⑬氏祖命―⑭襲髄命―⑮来日曰維積命―⑯三嶋足奴命―⑰意宇足奴命―⑱宮向

この系図でまず注目したいのは、第十一世阿多命《あたのみこと》、第十二世伊幣根命《いへねのみこと》、第十三世氏祖《うじのおやの》命《みこと》である。通説では、伊幣根命を崇神紀の飯入根と同一人物とみる。すると、その前代の阿多命は、出雲振根のことをさしている可能性があり、事実、後世の出雲氏の伝承では阿多命の別名が出雲振根ということになっている。前田晴人《はると》氏によれば、「阿多命」のアタとは敵・仇・怨の意であり、振根が弟飯入根（伊幣根命）を謀殺したという崇神紀の記述を意識したものと考えられるという（『古代出雲』）

そして氏祖命だが、これは飯入根の子の鸕濡渟のことであろう。なぜ「鸕濡渟」が「氏祖命」という表記になったのか。歴史学者の高嶋弘志氏は「祖神を忌み憚って名を伏せたためか、あるいは鸕濡渟命の頭に後人が『氏祖』と書きこみ、伝写の過程で『鸕濡渟』の文字が省略された結果であろう」と推理している（前掲書）。

第十五世の来日日維積命は垂仁天皇記の岐比佐都美のことだろう。

第十八世は宮向《みやむき》となっているが、系図原文には「此時始めて出雲姓を給《たまは》る、出雲臣と国造と謂《い》ふ」という注記がある。

この「国造北島氏系譜」に記紀を加えて改めてまとめれば、出雲氏はアメノホヒを始祖、タケヒラトリを二祖とし、十一世フルネのときに何らかの権力闘争が生じたが、十三世ウカヅクネが混乱を収めて一族をかため、十五世キヒサツミが大和の皇子を饗応し、十八世宮向がはじめて出雲のウジを名乗ったということになる。
もちろんこれらの史料がそのまま史実を伝えているとは考えにくいが、十三世ウカヅクネについては、出雲氏の祖先伝承のなかで古くから語られ、系図がたしかに「氏祖命」と強調するように、出雲氏の実質的な始祖とみなされていた可能性が高い。
その傍証となるのは平安時代初期の『新撰姓氏録《しんせんしょうじろく》』で、畿内に移住していたとみられる出雲氏（出雲臣）の遠祖として、やはりウカヅクネの名が挙げられている。

「出雲臣　天穂日命の十二世孫、鵜濡渟命の後《すゑ》なり」（「右京神別《しんべつ》上」）

「出雲臣　天穂日命の十二世孫、宇賀都久野命《うかづくぬのみこと》の後なり」（「河内《かわち》国神別」）

おそらく、出雲氏の原初の系図はウカヅクネの一代前のフルネ、イイイリネの代あたりからはじまっていたのだろう。「国造北島氏系譜」は、祖神アメノホヒ・タケヒラトリと、十一世フルネ（阿多命）とのあいだに八人の名を連ねているが、彼らは皇室の欠史八代のようなもので、出雲氏の歴史を古く見せかけるために後世に架上されたものだろう。付け加えるならば、アメノホヒをアマテラスの次男とする記紀神話の伝承も、出雲氏と天皇家の絆を主張するために後世になって造作されたものとみるのが合理的だろう。
フルネ、イイイリネ、ウカヅクネらが実在の人物であったのかどうかについては安易に断定できないが、これらの名前は氏姓制度があらわれる前の時代を感じさせるものであり、もし実在していたとすれば、その時代は、四〜五世紀頃になるのではないだろうか。

じつは出雲氏の拠点は出雲大社ではなかった？

一口に出雲といってもこの地名が指し示す範囲はそれなりの広さをもつ。出雲氏は出雲の中のどこを本拠としていたのだろうか。

「出雲大社があるあたりに決まっているじゃないか」——そう思われる読者もいるかもしれない。ところが、ことはそう単純ではない。

現在の島根県東部に相当する出雲国は、大まかに言うと、意宇川《いうがわ》流域を中心とし、出雲国一之宮として知られる熊野大社が鎮座する東出雲地方と、出雲大社と斐伊川流域を中心とする西出雲地方の、二つに分けることができる。

このうち、出雲という地名の本源になったと思われるのは西出雲で、出雲大社のある一帯は律令制下では出雲郡に属し、大社の南東一〇キロほどの斐伊川東岸に、郡家《ぐうけ》が置かれた出雲郷があった。現在の出雲市斐川町出西《ひかわちょうしゅっさい》を中心としたあたりである。狭義の出雲はこの地をさし、そこは出雲氏のウジ名のルーツであると言えよう。

東西に二分された古代出雲

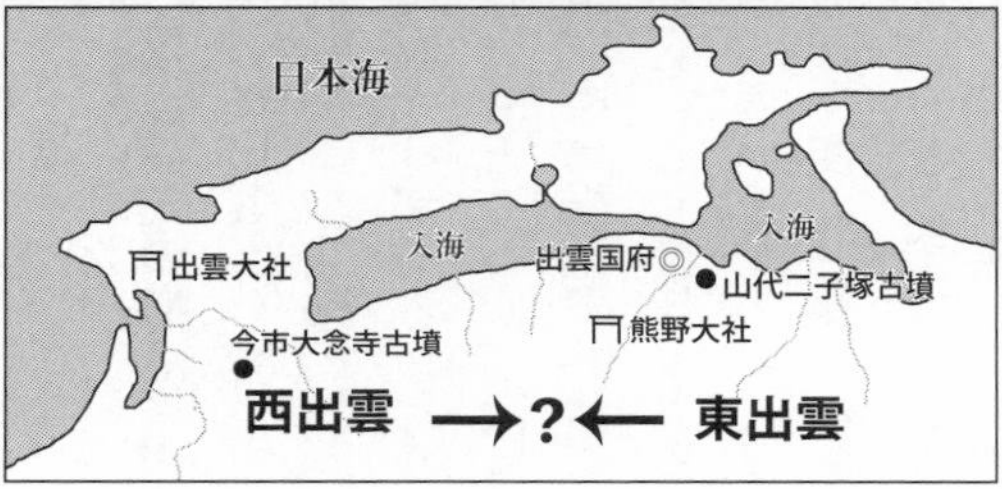

ところが、出雲国全体の政治・行政の拠点となった出雲国府が置かれたのは東出雲の意宇《おう》郡で、その場所は松江市大草《おおくさ》町《ちょう》の六所《ろくしょ》神社の境内周辺と推定され、国庁跡とみられる遺構なども発掘されている。いつからここに国府が置かれるようになったのかははっきりしていないが、奈良時代はじめには確実にここに置かれていた。さらに、出雲国造すなわち出雲氏本家の居館は、かつては国庁跡から西に二キロほどの地に鎮座する神魂《かもす》神社（松江市大庭《おおば》町）の近くにあり、奈良時代はじめ頃になって、西出雲の出雲大社のある地へ移転したと伝えられている（「出雲国造《いずものくにのみやつこ》世系譜《せけいふ》」）。

また、出雲国造は八世紀のはじめから意宇郡の大領（長官）も兼務したが、このことは出雲氏が東出雲を本拠としていたことの徴証《ちょうしょう》とみることもできる。出雲国造が意宇郡大領の職を解かれたのは、延暦十七年（七九八）である（『類聚三《るいじゅうさん》代格《だいきゃく》』）。

つまり、「出雲という地名は西出雲がルーツだが、出雲氏という豪族は東出雲がルーツである」とも考えられるわけである。

こうしたことから、往古、出雲氏は東出雲を本拠としたが、八世紀はじめに本拠を西出雲に移し、やがて出雲大社の祭祀に専従するようになったのではないか――とする説が古くから唱えられてきた。つまり出雲氏西遷説である。仁徳天皇紀に「出雲臣が祖淤宇宿《おうのすく》禰《ね》」という人物が登場するが(「国造北島氏系譜」の十七世意宇足奴命にあたるか)、この名前の「淤宇」が意宇に由来するらしいこともこの説を補強する。

なぜ出雲氏は西遷したのか。さまざま論があるが、わかりやすい見方は、「古代、西出雲の勢力(プレ出雲氏)が滅亡し、その後、ヤマト王権の傘下に入っていた東出雲の勢力(すなわち出雲氏)が最終的に出雲全体を掌握した」というものだろう。

諸説ある出雲氏の出身地

説得力のある見方だが、ところが、これとは全く逆の東遷説も唱えられている。出雲氏は西出雲が元来の本拠地で、それが後に東出雲へ進出・拡大して出雲国造家になったという見方である。

たとえば、前出の前田晴人氏は、『出雲国風土記《ふどき》』（七三三年成立）の出雲郡健部郷《たけるべ》（出雲市斐川町の東南部あたり）の条に言及される神門臣古禰《かんどのおみふるね》が崇神天皇紀で出雲氏の遠祖とされている出雲振根と同一視されること、天平《てんぴょう》十一年（七三九）の『出雲国大税賑給歴名帳《たいぜいしんごうれきみょうちょう》』が出雲郡に出雲系氏族が集住していたことを明記していることなどを論拠として、出雲氏の原住地は西出雲で、ヤマト王権のバックアップを受けて東遷したのだろうと論じている（『古代出雲』）。ちなみに、神門臣（神門氏）は出雲郡の南隣にある神門郡を本拠とした豪族で、『新撰姓氏録』は彼らの祖神をアメノホヒとし、出雲氏の同族としている。

一方で、考古学的な観点から西遷説・東遷説を折衷するような見方も出されている。古墳時代の五世紀から六世紀にかけて、東出雲には前方後方墳と方墳が、西出雲には前方後円墳と円墳が続々と築造されるが、このことは東西に異なる中心的政治勢力があったことを示している。そして、六世紀中葉ないし後半には、東出雲には山代二子塚古墳《やましろふたごづか》（松江市山代町／前方後方墳、全長約九四メートル）、西出雲には今市大念寺古墳《いまいちだいねんじ》（出雲市今市町鷹の沢／前方後円墳、全長約九二メートル）が出現する。それぞれ東西出雲の大首長の墓と考えられるが、興味深いことに、両古墳からは「雲伯系埴輪《はにわ》」と呼ばれる新型式の埴輪がともに出土している。雲伯系埴輪は、伯耆《ほうき》（鳥取県西部）西部から出雲西部にかけて広域に分布している。このことは、出雲地方に広域的なネットワークが成立し、包括的な政治圏が生じていたことを想定させるという（島根県立古代出雲歴史博物館企画展『古墳は語る古代出雲誕生』図録）。

この見方にもとづけば、六世紀後半頃になって出雲に東西の対立を超えた同盟的な関係が成立し、それが出雲全体を統括する出雲氏＝出雲国造家の形成につながったというプロセスを想定できよう。

西出雲に多い弥生遺跡との関係は

出雲氏の本拠やルーツについては、弥生遺跡との関係をめぐる問題もある。

一九八〇〜九〇年代、西出雲の荒神谷《こうじんだに》遺跡（出雲市斐川町神庭《かんば》）と加茂岩倉《かもいわくら》遺跡（雲南市加茂町岩倉）から大量の銅剣・銅鐸《どうたく》・銅矛《どうほこ》が発見され、大きな話題を呼んだ。大量の青銅器がなぜ地中に埋納されていたのか。この謎をめぐっては、廃棄説、隠匿説、地鎮説などさまざまな仮説が提示されているものの、いまだ定説をみないが、埋納年代は弥生時代中期から後期にかけてと推測されている。

また、これら両遺跡とも近い斐伊川西岸方向の出雲市大津町西谷《にしだに》には一九九〇年代に本

『出雲国風土記』に記された神名火山《かんなびやま》に比定されている仏経山の北東3km に位置する荒神谷遺跡からは358本というおびただしい数の銅剣《どうけん》が出土した。

一カ所からの出土例としては日本最多となる39口の銅鐸が発見された加《か》茂《も》岩《いわ》倉《くら》遺《い》跡《せき》は、荒神谷遺跡の南東約3.4キロ。両遺跡は古代出雲文化圏研究の大きな手掛かりとなった（写真の銅鐸はレプリカ）。

西谷墳墓群2号墓。突出部を含めた規模は約46メートル×29メートル。出雲地方に特異な四隅突出型墳丘墓は、弥生時代後期〜終末期に造られた出雲の権力者たちの墓として注目されている。

格的な調査が行われた西谷墳墓群があるが、このなかのうちの六基は「四隅《よすみ》突出型墳丘墓」と呼ばれる独特の形状（方形墓の四隅がヒトデのように突出した形）をもつ。四隅突出型墳丘墓は弥生時代中期〜後期に造営された山陰地方を中心に分布する墳丘墓で、なかでも西谷墳墓群の三号墓と九号墓は突出部を含めると長辺が五〇メートルを超え、弥生墳丘墓としては全国で最大級であり、被葬者は当然、西出雲を拠点とした有力首長が想定される。また、出土土器などから、彼らが陸路だけでなく海路も使って、吉備地方や北陸地方と密接な交流を持っていたことも明らかとなっている。

さらに、前述の加茂岩倉遺跡の近くにある神原《かんばら》神社古墳（二九×二五メートルの方墳／雲南市加茂町神原）からは、中国・魏の年号を含む「景初《けいしょ》三年（＝西暦二三九年）」の銘をもつ三《さん》角縁神獣鏡《かくえんしんじゅうきょう》が出土しているが、この鏡は、『魏《ぎ》志』「倭人伝」が記す、魏の明帝《めいてい》が邪馬台国《やまたいこく》の女王卑弥呼《ひみこ》に与えたという「銅鏡百枚」の一枚にあたるのではないかと取り沙汰されてきた。もしそうだとすれば――邪馬台国の所在地は大和か九州かという問題はさておき――、卑弥呼と弥生末期の出雲とのあいだにも深い交流があったことになる。

これら西出雲の弥生遺跡の当事者と、古墳時代以降の出雲勢力とのあいだにはどのような関係があるのか。断絶があるのか、それとも連続しているのか。西谷墳墓の被葬者は後代の出雲氏と血縁的なつながりのある人物なのか、それとも無関係なのか。――こうした問題についてはさまざまに論じられており、また種々の仮説を提示しうるのだろうが、それらを総括することは筆者の力量にあまる。

ただしここまでに記した情報をもとに確実に言えることが一つあるとすれば、「出雲地方一帯には六、七世紀頃までは多様な勢力が併存していて、それぞれが対立していたのであれ、同盟していたのであれ、カオスや緊張が見え隠れする状態が長くつづいていたのでは」ということだろう。そして、ヤマト王権と接近しながらそうした混沌を生き抜いたのが出雲氏だったのだろう。

出雲氏はオオクニヌシではなくアメノホヒの神裔

このように出雲氏のルーツは結局、曖昧模糊としているわけだが、そのことは出雲大社との関係にも反映されている。

話の糸口として、まず出雲大社の草創に触れてみたい。

『古事記』の第十一代垂仁天皇段に、出雲大神を拝したことで本牟智和気御子が口をきけるようになって帰京したのを天皇が喜び、皇子の出雲行に従っていた菟上王《うなかみのおおきみ》を再び出雲に送り出して、神の宮をつくらせた、という記述がある（「天皇歓喜《よろこ》びたまひて、すなはち菟上王を返して、神の宮を造《つくろ》はしめたまひき」）。これは、このとき出雲大社の社殿がはじめて造営されたことを示唆しているわけだが、垂仁朝の記事に史実性が薄いことは先にも触れたとおりである。

ただし、平成十二年（二〇〇〇）の大社境内地の発掘調査では、四世紀代の祭具と推測される勾玉・臼玉《うすだま》・手捏《てづくね》土器などが出土しており、遅くともこの時代には、社殿があったかどうかはともかく、境内地で祭祀が行われていたことが明らかとなっている。

大社の社殿造営に関する、史料上における確実な初例は、『日本書紀』斉明《さいめい》天皇五年（六五九）是歳《ざさい》条の、次の記事である。

「是の歳に、出雲国造に命《おほ》せて、神の宮を修厳《つくりよそ》はしむ」

「神の宮」は一般に出雲大社のことをさすとされていて、「修厳」は「新しく造営する」ではなく、「できていたものを修繕する」というニュアンスである。したがって、この一文は、女帝斉明が当時の出雲国造すなわち出雲氏に出雲大社の社殿の修繕を命じたものということになり、社殿の創建が斉明朝以前に遡ることを明示している。

かつての出雲大社は巨大高層建築であったと言われていて、社伝によれば、最古の社殿は高さ三二丈（約九六メートル）で、その後、一六丈（約四八メートル）になったという。斉明朝の修繕で、大社の社殿はどれくらいの高さになったのだろうか。

そして古来、この大社の祭祀を司り、祭神オオクニヌシを奉斎してきたのが、アメノホヒを祖神とする出雲氏であり、出雲国造家であった。このことは神話においてすでに担保されていて、『日本書紀』の国譲り神話の箇所（神代下・第九段一書《あるふみ》第二）には、タカミムスヒが国土を奉献した大己貴神《おおなむちのかみ》（オオクニヌシの別名）に対して、「おまえの祭祀を司る者は、アメノホヒである（汝が祭祀《まつり》を主《つかさど》らむ者は、天穂日命是《これ》なり）」と告げる場面がある。

『出雲国造神賀詞』にみられる出雲氏独自の国譲り神話

だが、ここで気にかかることがある。

由緒ある神社の神官を世襲する社家というのは、祭神の神裔《しんえい》を称する一族である場合が多い。たとえば、熊本の阿蘇神社の宮司家である阿蘇氏（阿蘇国造家）は祭神健磐龍命《たけいわたつのみこと》の神裔とされているし、奈良の大神《おおみわ》神社の社家大神《おおみわ》氏（三輪《みわ》氏）は祭神大物主神《おおものぬしのかみ》の神裔と伝えられている。出雲の須佐《すさ》神社の社家である須佐氏は主祭神スサノオの神裔ではないが、スサノオに仕えた国つ神足名椎《あしなづち》の後裔と伝えられていて、足名椎は同社の祭神の一柱に含められている。天皇家は伊勢神宮にとっては究極の社家のような存在でもあるが、祭神のアマテラスが天皇家の祖神であることは言うまでもない。

ところが出雲大社の場合は、祭神オオクニヌシの神裔ではなく、むしろオオクニヌシと対立する立場にあった、天つ神アマテラスの御子神であるアメノホヒの神裔を称する出雲氏によって奉斎されてきたのだ。

オオクニヌシは、『出雲国風土記』ではオオナモチ（大穴持命）という名前で登場し、しばしば「所造天下大神《あめのしたつくらししおおかみ》」と美称されて出雲の地主神《じぬしがみ》的な性格をみせているが、不思議なことに、記紀の出雲神話にも『出雲国風土記』にもオオクニヌシの神裔に関する記述が見受けられない。オオクニヌシの神裔はどこへ消えたのか。

また、記紀の国譲り神話ではアメノホヒはオオクニヌシにこびへつらって出雲に留まったという展開になっているが、地元である出雲側にはこれとはやや矛盾する伝承がみられる。古代、新しく就任した出雲国造は都に上り、神宝や幣物《へいもつ》を献上し、天皇の長寿と回春を祈る『出雲国造神賀詞《いずものくにのみやつこのかむよごと》』という呪詞を奏上することが慣例となっていた。この『出雲国造神賀詞』のなかに記紀の国譲り神話に該当する内容をもつ部分があるのだが、そこでは、天《あま》つ神《かみ》の命令によって地上世界に天降りしたアメノホヒは、記紀ヴァージョンとは異なり、国見を行ったうえで復命を果たしたことになっているのだ。さらにそれを受けてアメノホヒの御子神である天夷鳥命《あめのひなとりのみこと》（タケヒラトリ）が下界に派遣され、オオクニヌシに国土を奉献させたという展開になっている。つまり、出雲氏側の伝承である『出雲国造神賀詞』では、アメノホヒ、タケヒラトリという出雲氏系の神がオオクニヌシに国譲りをさせた立役者となっているのだ。

これらのことを考え合わせるならば、出雲大社は、ある時期においては、オオクニヌシという国つ神を、これを抑圧した天つ神アメノホヒの子孫が封じ祀る、というネガティブな構図を強くもっていたのではないか、という考えも浮かんでくる。また、出雲氏が古くから奉斎していたのは、オオクニヌシではなく、意宇郡の熊野大社の神であるとする説も出されていることは示唆に富む（神話学者の松前健氏など）。

これらは容易に実証しうる問題ではないが、出雲大社における祭神と社家の祖神のくい違いは、大社と出雲氏が潜り抜けてきた屈折した歴史を反映しているように思えてならない。

出雲国造が今も帯びるカリスマ性

先に少し触れたが、出雲国造は新しく就任するたびに朝廷にのぼって『出雲国造神賀詞』奏上儀礼を行い、玉・鏡などの神宝を献上した。これは出雲と朝廷のつながりを強めるねらいがあったと思われ、正式に行うと、上京を三回、一年間の潔斎を二回要するという、かなり大掛かりなものであった。文献上の初出は、霊亀《れいき》二年（七一六）であり（『続日《しょくに》本紀《ほんぎ》』）、終わりは天長十年（八三三）である（『類聚国史《るいじゅうこくし》』）。霊亀二年以前にも行われていたのかどうかは不明である。また天長十年以後だが、おそらく平安時代中期には、律令制の形骸化とともに奏上儀礼も衰退してしまったのだろう。

新たに就任する出雲国造は、出雲で厳粛な「火継《ひつぎ》」の儀式を執り行うことになっていて、こちらは現代まで受け継がれている。古代から伝わる臼と杵で神火を鑽《き》り出し、その火で調理した御膳を新国造が食べるというもので、その神火はアメノホヒから受け継いできた神聖なものであり、この儀式をへてはじめて出雲国造になるのだという。

このほかにも出雲国造家は種々の古い神事や祭事を伝えていて、宗教的カリスマ性を現在まで保持している。『日本書紀』神話には出雲のオオクニヌシの幸魂《さきみたま》・奇魂《くしみたま》が大和の三《み》諸山《もろのやま》（三輪山《みわやま》）に祀られるという挿話があるが（神代上・第八段一書第六）、これなどは出雲の霊威によって大和が守護されることの寓意と解することもできる。

天皇家やヤマト朝廷が出雲に関して最も興味を抱いたのは、土地や財宝などではなく、出雲の豊かな信仰民俗や神話伝承に裏打ちされた出雲国造家・出雲氏の特異なカリスマ性だったのではないだろうか。

第八章

上毛野氏

――朝鮮半島にも渡った東国の勇者たち

古代東国の中心地だった上毛野

関東平野内陸の北西部は古くは「毛野《けぬ(の)》」と呼ばれていたが、後に渡良瀬川《わたらせがわ》を境に西部が上毛野《かみつけの》、東部が下毛野《しもつけの》と称されるようになり、大宝《たいほう》元年（七〇一）の『大宝律令《りつりょう》』制定後にはそれぞれ上野、下野と記され、またそれぞれ「こうずけ」「しもつけ」と読まれるようになった。上野が現在の群馬県、下野が現在の栃木県にあたる。

このうち古墳文化がとくに栄えたのは上毛野の方で、そこは榛名山《はるなさん》と赤城山《あかぎさん》の山麓扇状地を中心としたエリアである。古墳時代前期の四世紀前半には全長約九五メートルの前方後方墳である将軍塚古墳（群馬県高崎市元島名町）が、四世紀後半には全長約一二九メートルの前方後円墳である前橋天神山《まえばしてんじんやま》古墳（前橋市広瀬町）が出現し、古墳時代中期の五世紀前半には巨大前方後円墳、全長二一〇メートルの太田天神山古墳（太田市内ケ島町《うちがしまちょう》）が築造された。三百五十年に及んだ古墳時代（三世紀半ば〜六世紀）のうち、東日本において墳長二〇〇メートルを超える古墳は、この太田天神山古墳のみである。

古墳時代における東国の中心地は、間違いなく上毛野であり、この地に君臨した大豪族が、上毛野《かみつけの》氏であった。

大豪族とはいえ、その場所は畿内からは僻遠で、正史にはさして記録にとどめられてい

東日本最大の前方後円墳、全長210メートルの太田天神山古墳。

ないのでは——と思いきや、『日本書紀』をひもとくと、意外にも、第十代崇神《すじん》〜第十六代仁徳《にんとく》天皇という初期天皇の記事には、しばしば上毛野氏にまつわる伝承が載っている。しかも、上毛野氏の始祖は、崇神天皇の皇子豊城入彦《とよきいりびこの》命《みこと》だという。

『日本書紀』の初期天皇の巻から、上毛野氏（当初のカバネは君《きみ》）関連のおもだった記事をまず拾ってみよう。

じつは『日本書紀』に多い上毛野氏の記録

崇神天皇四十八年正月十日条：天皇は皇子の豊城入彦命と活目尊《いくめのみこと》（後の垂仁《すいにん》天皇）のいずれを皇太子に立てるかを夢占いで決めることにし、二人の皇子は沐浴潔斎してそれぞれ夢を見た。

兄豊城入彦命は、大和の御諸山《みもろのやま》（三輪山《みわやま》）に登り、東に向かって八回槍を突き出し八回刀を打ち振る夢を見た。一方の弟活目尊は、御諸山に登って四方に縄を張り、粟を食べる雀を追い払う夢を見た。そこで天皇は「兄は東だけを向いていたのだから、東国を治めるのがよい。弟は四方に臨んでいたので、皇嗣にふさわしい」と述べた。

同年四月十九日条：天皇は活目尊を皇太子に立て、豊城入彦命には東国を治めさせた。豊城入彦命は上毛野君《かみつけののきみ》・下毛野君《しもけののきみ》の始祖となった。

垂仁天皇五年十月一日条：皇后狭穂姫《さほびめ》の兄狭穂彦《さほびこ》が謀反を企んでいることを知った天皇は、上毛野君の遠祖八綱田《やつなた》に命じて、稲城《いなき》に籠った狭穂彦を討たせた。狭穂姫も兄を慕って稲城に入ったが、将軍八綱田は稲城を包囲して火をつけ、狭穂姫・狭穂彦は焼死した。八綱田はその功を賞され、倭日向武日向彦八綱田《やまとひむかたけひむかひこ》の称を得た。

景行《けいこう》天皇五十五年二月五日条：豊城入彦命の孫彦狭島王《ひこさしまのみこ》が東方諸国の総督に任じられたが、下向する途中で病没した。東国の民はこのことを悲しみ、王の遺骸を盗んで上毛野国に葬った（『先代旧事本紀《せんだいくじほんぎ》』「国造本紀《こくぞうほんぎ》」は、崇神朝に彦狭島王がはじめて東方十二国の国造となり、仁徳朝に毛野国が上・下に分けられたとする）。

同五十六年八月条：彦狭島王の子御諸別王《みもろわけのみこ》が、天皇の命を承けて、亡父に代わって東国に赴き善政を敷いた。蝦夷《えみし》（ヤマト王権の支配に抵抗した東北地方の人びと）が騒動を起こしたが、ただちに挙兵してこれを撃った。

神功《じんぐう》皇后摂政《せっしょう》四十九年三月条：荒田別《あらたわけ》と鹿我別《かがわけ》が新羅《しらぎ》征討の将軍に任じられて朝鮮半島に渡り、新羅を破って七国を平定し、百済《くだら》王と会見し、翌年帰朝した（荒田別は応神天皇紀によれば上毛野君の祖。おそらく鹿我別も同じ）。

応神《おうじん》天皇十五年八月六日条：百済の博士《はかせ》王仁《わに》を日本に招致するため、上毛野君の祖荒田別と巫別《かんなぎわけ》が百済に派遣された（巫別はおそらく前条の鹿我別と同一人物）。

上野毛氏主要系図

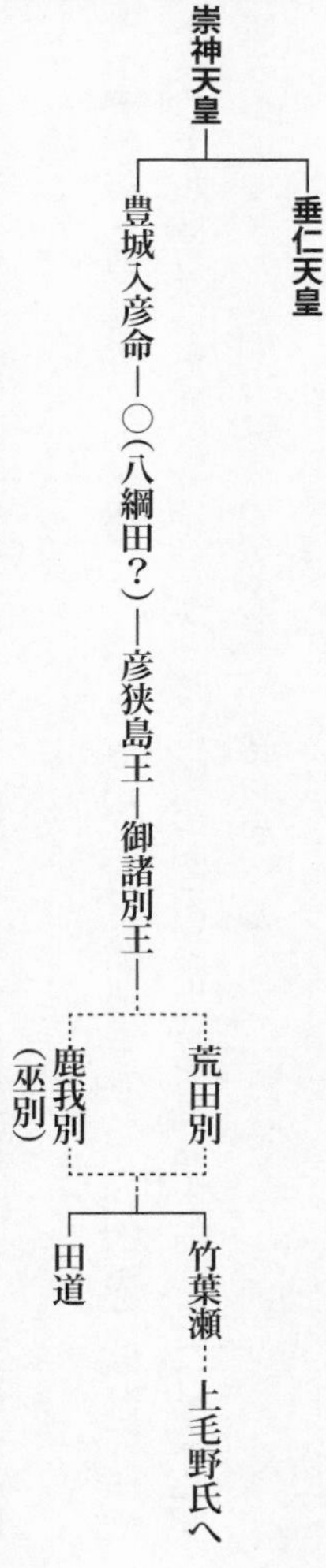

＊荒田別・鹿我別と前後の世代の具体的な関係は不詳。

仁徳天皇五十三年五月条：上毛野君の祖竹葉瀬《たかはせ》が新羅に派遣され、日本への朝貢を促した。しばらくして竹葉瀬の弟田道《たみち》が派遣され、抵抗する新羅を征討し、四つの村の民を捕虜にして帰国した。

同五十五年条：蝦夷が反乱を起こすと、田道が征討に派遣されたが、蝦夷に敗れて伊寺《いし》の水門《みなと》（宮城県石巻市《いしのまき》か）で死んだ。だが、後に蝦夷が田道の墓を掘ると、そこには大蛇がいて咬みついてきた。蝦夷は蛇の毒を受け、多くが死んだ。

『日本書紀』の上毛野氏祖先伝承は史実か

ここには、上毛野氏の祖として、豊城入彦命（崇神紀）、八綱田（垂仁紀）、彦狭島王（景行紀）、御諸別王（景行紀）、荒田別（神功紀・応神紀）、鹿我別（巫別）（神功紀・応神紀）、竹葉瀬（仁徳紀）、田道（仁徳紀）らが登場している。

彼らが系譜的にどうつながるのか、『日本書紀』からは判然としないが、これらの伝承から読み取れる初期上毛野氏の特色として、次の三点をあげることができよう。

①崇神天皇の皇子豊城入彦命の子孫（彦狭島王・御諸別王）が天皇から東国の統治を任じら

れて下向し、上毛野氏の祖となった。つまり、上毛野氏は地方豪族でありながら、中央から派遣された氏族という性格ももつ。

②天皇・皇后の命を承けて何度か朝鮮半島に派遣されていて（荒田別・鹿我別・竹葉瀬・田道）、上毛野氏は朝鮮と深い関係をもった。

③蝦夷の征討を行い、上毛野は王権の対蝦夷政策の拠点となった（御諸別王・田道）。

初期天皇の記事に東国の地方豪族がこれほど言及されるのは、きわめて異例のことである。これらの伝承ははたして史実にもとづいているのだろうか。あるいは、どれだけ史実を含んでいるのだろうか。

ここで意地悪く考えてゆくと、いろいろと疑いが湧き出てくる。

まず①の王族下向伝承だが、景行朝には、上毛野に下向した彦狭島王・御諸別王に先行してヤマトタケルが東征を果たしたことになっているが、それはあくまで伝説であり、この時期、現実にはヤマト王権は畿内の掌握でまだ手一杯であったはずである。そのような古い時代に、王族が中央からはるばる東国に赴き、その地の統治者となるような事態が、はたして本当にあったのだろうか。この伝承は、上毛野氏が自氏と天皇家との結びつきを説くために後世に付会したものであって、現実の上毛野氏は、もとから東国に根を張った、天皇家とは血縁のない地方豪族だったのではないだろうか。一方で、ヤマト王権側からすれば、下向伝承は王権による東国支配を正当づけるものとして歓迎されたはずである。

この疑念を肯定するようなものが、『日本書紀』の後年の記事にある。『日本書紀』によると、天武《てんむ》天皇十年（六八一）三月十七日、天皇は川島皇子《かわしまのみこ》以下あわせて十二人に「帝紀《ていき》と上古の諸事」の記録を命じた。この記事は『日本書紀』編纂事業の開始を命じたものとみるのが通説になっている。そして、このとき『日本書紀』編纂に参画した十二人のうちの一人に、上毛野三千《みちぢ》がいた。『日本書紀』の編纂には上毛野氏が深く関与していたのである。おそらく上野毛氏は、上毛野を本拠としながらも畿内にも拠点をもち、中央官人化していたのだろう。ちなみに、天武天皇十三年には上毛野氏は賜姓を受け、カバネを君から朝臣《あそん》に改めている。「八色の姓《やくさのかばね》」制における第二のカバネである。

もっとも三千は同十年年八月には没してしまうのだが、持統《じとう》天皇五年（六九一）八月十三日には、天皇は上毛野氏を含む十八氏族に対して「其の祖等《おやたち》の墓記《ぼき》」の提出を命じている。各氏族に先祖の系譜・事績などを記した家記を提出させたもので、『日本書紀』編纂の史料として活用されたと考えられている。

つまり、上毛野氏は、自氏の祖先伝承を『日本書紀』に盛り込むうえで有利な立場にあった。したがって、彼らはその立場を活用して潤色された伝承を『日本書紀』に提供したのであり、天皇家との結びつきを強調する王族下向伝承もその所産にすぎない——と解することも可能だろう。

疑わしい上毛野氏の朝鮮関係伝承

では、②の対朝鮮半島軍事・外交伝承はどうだろうか。

これも、次のような観点から、その史実性を疑うことができる。

四世紀末〜五世紀はじめ頃と推定される神功皇后や応神天皇・仁徳天皇の時代に、ヤマト王権（倭国《わ》）が半島への進出をはかったことは、四世紀末の高句麗《こうくり》と倭国の交戦を記しているとされる広開土王碑《こうかいどおうひ》などから推すれば、事実かもしれない。しかし、半島と距離的に近い九州や中国地方の豪族ならいざ知らず、そこから遠く離れた東国の豪族が、しかもこのような古い時代に、わざわざ半島まで赴くようなことが、はたして本当にあっただろうか。そのような必要性がありえただろうか。そもそも、この時期、東国にはまだ王権の支配が十分に及んでいなかったと考えるべきではないだろうか。

むしろ、この半島伝承は、七世紀以降には実際に対朝鮮半島の仕事をになっていた上毛野氏の職掌の由来を説き、かつ王権への貢献を潤色するために、後世の上毛野氏の事績をもとに巧みに編み出された一種の説話なのではないだろうか。

たしかに上毛野氏は、七世紀、明らかに史実と認められる新羅征討に参加し、記録に残る活躍をみせている。『日本書紀』によると、天智《てんじ》天皇二年(六六三)三月、新羅征討の前軍の将軍に任じられた上毛野稚子《わくご》は兵を率いて半島に渡り、六月には新羅の二城を攻略した。この征討は結局、白村江《はくすきのえ》で倭国軍が大敗北を喫して終わるのだが、それだけに稚子の活躍は目立つ。また、『続日本紀《しょくにほんぎ》』によれば、文武《もんむ》天皇四年(七〇〇)五月に上毛野氏と同系氏族の佐味賀佐麻呂《さみのかさまろ》が遣新羅小使に、和銅七年(七一四)十一月には上毛野広人《ひろひと》が新羅使節に対する副将軍に任じられている。

つまり、これらの史実をもとに、中央官人化していた上毛野氏は自分たちの先祖の業績を造作したのではないか、とも考えられるのだ。

こうなると、③の蝦夷征討伝承も怪しくなってくる。『日本書紀』の舒明《じょめい》天皇九年(六三七)是歳《ぜさい》条に上毛野形名《かたな》による蝦夷討伐の記事があり、また八世紀初期には小足《おたり》・安麻呂《やすまろ》が陸奥守《むつのかみ》、広人が陸奥按察使《むつのあぜち》に任じられている。景行・仁徳朝の蝦夷征討伝承も、これらの史実を過去に投影するかたちで作為された説話ではないのか。

上毛野氏は東国に独立王国を築いていた？

それでは、このように正史に明確に跡づけられる以前――具体的には七世紀よりも前――の上毛野氏の実情とは、どんなものだったのか。言い換えれば、ヤマト王権に完全に服属する以前の東国の中心地であった上毛野地方の実情とは、どのようなものだったのか。

そのありようを物語ろうとする記述を、『日本書紀』にかろうじて一つ見出すことができる。

それは安閑《あんかん》天皇元年（五三四）条の記事で、そこには、武蔵《むさし》国（東京都・埼玉県と神奈川県北東部にあたる地域）で笠原使主《かさはらのおみ》と同族の小杵《おき》とのあいだに国造《くにのみやつこ》の地位をめぐる争いが長く生じていたこと、小杵が上毛野小熊《おくま》に援助を求めたこと、それを知った使主は大和に上って状況を報告したこと、すると朝廷はこれを裁断して使主を国造とし小杵を誅殺したこと、などが淡々と記されている。

要するに東国の内紛をめぐる記事で、上毛野氏はそれに干渉する人物として一度、登場するきりだが、これは、六世紀以前における上毛野氏のヤマト王権・ヤマト朝廷に対する独立性を示すものとしてしばしば解されてきた。小杵は殺されながら、小熊がなんら処罰を受けた形跡がないことも、上毛野氏の強固な独立性を暗に語っていると読み解くことができよう。

安閑朝の六世紀前半までは上毛野氏は東国の盟主的な地位にあり、上毛野を中心に独立王国を築き、大和と対立関係にあったのではないか。――こうした推論も可能だろう。

じつは上毛野に多い渡来人系遺跡

ここまでの論をまとめれば、およそ次のようになる。

『日本書紀』の仁徳朝までの記事にみられる上毛野氏に関する記事は史実ではなく、彼らがもとからヤマト王権に親和的であったことを強調するために後世に造作された説話であって、現実には、六世紀までは上毛野氏は東国に強力な独立王国を築き、天皇家の支配下にはなかった。つまりは、上毛野氏はあくまで地方豪族にすぎない。

だが、このような見方を易々と是とするわけにもいかない。というのも、考古学的な研究の成果からすれば、むしろこれとは全く逆の見方も導かれうるからだ。

まず注目したいのは、五世紀後半頃の築造とみられる方形積石塚《つみいしづか》が上毛野地方にいくつも見つかっていることである（剣崎長瀞西《けんざきながとろにし》遺跡、坂下町《さかしたちょう》古墳群、下芝谷《しもしばや》ツ古墳など）。方形積石塚はピラミッド状に石だけを積み上げて築かれた墳墓で、朝鮮半島の高句麗の墓制にルーツがあると言われている。また、剣崎長瀞西遺跡からは韓式系軟質土器や馬の埋葬跡が見つかり、積石塚からは加羅《から》諸国の製品と考えられる「垂飾付耳飾《すいしょくつきみみかざり》」が出土した。これらのことは、五世紀後半以降に上毛野周辺に渡来人の集団が居住していた可能性を濃く示しているという（若狭徹『東国から読み解く古墳時代』）。

ということは、上毛野氏が渡来人と深い関係をもっていたと推定でき、神功・応神・仁徳の時代に上毛野氏の先祖が朝鮮にたびたび渡っていたとする『日本書紀』の記述とも符合してくる。先に触れたように、仁徳天皇紀には新羅に派遣された田道が四村の民を日本に連れ帰ったというエピソードが記されているが、これが示唆するように、上毛野の渡来人とは、朝鮮に渡った上毛野氏によって連れて来られた人たち、招致された人たちだったのかもしれない。

上毛野の渡来系遺跡の存在は、上毛野氏が古くから対朝鮮半島の外交・軍事に現実に関与していたことの強力な傍証となり、『日本書紀』の上毛野氏祖先伝承とも矛盾しない。上野毛氏は、渡来集団を抱え込むことで、成長を続けることができたのではないか。

巨大古墳が示す上毛野氏祖先伝承の史実性

また、本章冒頭に記したように、上毛野はとくに古墳文化の顕著なエリアだが、前方後円墳を中心とした古墳文化というものは、もちろん上毛野で発祥したものではなく、三世紀半ば以降に、西から、大和方面から伝わってきて成立したものである。であるならば、中央の王族系人物が古墳築造の専門技術者をしたがえて東国の統治に出向いたというケースも、決してありえないものではなかろう。少なくとも、古墳の面からみれば、上毛野の首長とヤマト王権の緊密な関係が浮かび上がってくる。

上毛野の古墳文化の頂点は五世紀前半の太田天神山古墳（全長二一〇メートル）だが、畿内の五世紀代の巨大古墳にみられるものと同じスタイルの長持形石棺が遺存していて、考古学者の白石太一郎氏は「この時期において上毛野の大首長が畿内の大王と同盟関係にあったことを如実に物語る」と指摘している（『東国の古墳と古代史』）。

また、上毛野は決して一枚岩の地域ではなく、さまざまな集団が盤踞していたが、ヤマト王権の一員として対外交渉に参加するため、一時それらが共立することで大首長が押し立てられ、それが太田天神山古墳の築造に結びついた、とする見解もある（若狭徹『古代の東国1　前方後円墳と東国社会』）。

太田天神山古墳の被葬者は不明だが、仮にそれを上毛野氏の祖先とした場合、人物としては、神功摂政紀・応神紀に言及される荒田別、仁徳紀の竹葉瀬あたりが有力候補になるのではないだろうか。

余談になるが、垂仁天皇紀の八綱田のエピソードは、狭穂彦の乱にまつわるもので、上毛野氏の祖先伝承のなかで浮いた感じもするが、じつはここにも東国にまつわるメッセージが隠されていた。それは八綱田が賜った「倭日向武日向彦八綱田」という称で、一見すると、これは彼が火攻めで反乱を鎮圧したことにちなんでいるように思えるが、歴史学者の志田諄一氏によれば、この名に含まれる最初の「日向」は大和の三輪山の山頂に祀られる日向神、次の日向は「ヒムケ＝東を向くこと」を意味し、全体としては「三輪山の神を奉じて東に向かう八綱田」となり、東国経営に従事した上毛野氏の任務を暗示するものとなっているという（『古代氏族の性格と伝承』）。おもしろい見方である。

『日本書紀』の上毛野氏祖先伝承を、むやみに虚構とみなすことはできない。

なぜ五世紀後半に衰退したのか

上毛野地方の古墳は五世紀前半の太田天神山古墳を機に規模を縮小化してゆき、同じような規模の前方後円墳がいくつも乱立するようになる。これは吉備の古墳の消長とも軌を一にしているが（第六章参照）、上毛野氏王国の弱体化、上毛野地方権力の分裂を物語る。『日本書紀』においても、仁徳紀の竹葉瀬以降は、七世紀前半の蝦夷討伐を行った上毛野形名まで、目立った活躍をみせる上毛野氏の人物はあらわれない。

五世紀後半から六世紀にわたっての上毛野氏の衰微傾向には、おもに二つの要因を考えることができる。

一つはヤマト王権の強権化である。

いわゆる「倭の五王」について言及する中国の史書『宋書《そうじょ》』には、雄略《ゆうりやく》天皇に比定される「倭王武《ぶ》」が四七八年に宋に遣使した際の上表文が載せられているが、そこに「東の方《かた》毛人《もうじん》五十五国を制し、西の方衆夷《しゅうい》六十六国を服し」と書かれた箇所がある。雄略が日本列島の東西を平定したという意味で、表現には誇張もあると思われるが、「毛人」とは一般に「毛野の人」のこととされている。つまり、五世紀後半、専制君主的な雄略は王権の支配地域を拡大させ、地方豪族ながら強大化し巨大古墳を築造して威信の増大をはかる上毛野氏を制圧し服属させた、ということだろう。これは西日本の吉備氏の衰退についてもあてはまりうることである。さらに、王権強化にともない、五世紀後半以降には、地方豪族の子弟が畿内に上って一定の期間王権に仕える上番制が成立したとも言われている。

もう一つの要因は自然災害である。上毛野地方のシンボルでもある榛名山は活火山で、西暦五〇〇年頃とその数十年後の二回、大規模な噴火を起こして火砕流が発生したことが、噴出物と考古遺跡との関係から判明している。この噴火による被害は、成長を続けてきた上毛野氏に大きな打撃を与えたことだろう。

安閑朝の武蔵国造をめぐる内紛でひょいと顔を出した上毛野小熊とは、こうした上毛野の混乱期を生きた人物だったのだろう。そもそも、彼はあくまで武蔵の内紛に巻き込まれただけであって、決して朝廷に向かって牙を剝《む》いたわけではない。その朝廷への従順的な姿勢は、紛争の翌年である安閑天皇二年に上毛野国に屯倉《みやけ》(ヤマト朝廷の直轄地)が置かれていることからも推し測ることができる。

飛鳥時代になって復調しはじめた上毛野氏

そして、七世紀前半の舒明朝になって前述の上毛野形名があらわれ、復調が兆してゆく。

蝦夷討伐の折、形名は当初は敗北を喫して敵に包囲され、逃亡をはかるが、このとき、彼の妻がこう言ったという。

「汝《いまし》が祖等《おやたち》、蒼海《あをうなばら》を渡り、万里《とほきみち》を跨《こ》え、水表《をちかた》の政《まつりごと》を平《ことむ》けて、威武《かしこくたけき》を以《も》ちて後葉《のちのよ》に伝《つた》へたり。今し汝頓《ひたぶる》に先祖《おや》の名を屈《くじ》かば、必ず後世《のちのよ》の為に嗤《わら》はれなむ」（『日本書紀』舒明天皇九年是歳条）

あなたの先祖は、海を渡り、万里を越えて、異国の政権を平定し、その武威によって後世に一族の名を伝えてきたではないか。ここで逃げてどうするのです——妻は夫をそう叱咤したのである。これに鼓舞されて形名は再び立ち上がり、大勝がもたらされる。

妻の言葉は、おそらく持統朝に上毛野氏が朝廷へ提出した家記に依拠したものだろうが、朝鮮半島への出兵で活躍したという上毛野氏の祖先伝承を踏まえたものであり、彼らがこの伝承を氏族の原像としていかに重んじていたかをしのばせる。

その後の上毛野氏は、先にも触れたように、中央政界においては中堅どころの豪族として続いてゆく。また、豊城入彦命を祖とする上毛野氏と同系の氏族に、大野・池田・佐《さ》味《み》・車持《くるまもち》・下毛野の各氏があり、上毛野と合わせて「東国六腹《ろくふく》の朝臣」（『続日本紀』延暦十年四月五日条）と呼ばれ、一つの勢力を形成した。

だが、奈良時代の天平《てんぴょう》元年（七二九）の長屋王《ながやおう》の変に上毛野宿奈麻呂《すくなまろ》が連座して流罪に処されたことを機に、没落していった。

上毛野氏と同祖伝承をもつ渡来系氏族も

ところが、その一方で上野毛氏と同祖伝承をもつ田辺氏（カバネは史《ふひと》）が天平勝宝《てんぴょうしょうほう》二年（七五〇）に上毛野君のウジ・カバネを賜り、さらに弘仁《こうにん》元年（八一〇）には朝臣のカバネを賜り、本流の上毛野氏に代わって上毛野氏全体を代表する立場に成長していった。

田辺氏系上毛野氏は、おそらく上毛野地方ではなく大阪府柏原市田辺を本拠とした一族で、弘仁四年の『日本書紀』講書の講義録である『弘仁私記』の序が引く「諸蕃雑姓記《しょばんぞうしょうき》」によれば、仁徳朝に百済から帰化した思須美《しすみ》・和徳《わとく》の二人を祖とし、遠祖は「将軍上野公竹合」だという。「上野公竹合」（おそらく読みはカミツケノキミノタカハセ）とは、仁徳朝に朝鮮に渡った竹葉瀬のことであろう。これらのことを考え合わせると、史実か否かは措くとして、竹葉瀬が派遣先の半島で女性を娶って生まれた子もしくはその子孫がいつしか日本に渡り、田辺氏になったという推測が成り立つ。というのも、これと似たようなケースを『新撰姓氏録《しんせんしょうじろく》』に見出すことができるからで、「河内《かわち》国皇別《こうべつ》」巻の止美連《とみのむらじ》は、百済国に遣わされた上毛野氏遠祖田道が百済の止美邑《とみのむら》の女をめとって生まれた子の子孫が欽明《きんめい》朝に渡来したのがルーツだという。

筆者は基本的に、上毛野氏については『日本書紀』の祖先伝承を素直に読み込んでゆけばいいのでは」という立場にあるわけだが、この他の注目すべき仮説としては、「西暦五〇〇年前後に大阪湾沿岸一帯に勢力を張った氏族が上毛野氏の母胎集団で、それが後に東国に活動を移し、その一方で朝鮮半島との交渉にも積極的に関与した」とする、「畿内・東国二元説」もある（熊倉浩靖『改訂増補版　古代東国の王者』）。

上毛野氏は、「上毛野国の地方豪族」という視座だけではとらえきることのできない、スケールの大きい豪族なのである。

火山灰に埋まっていた上毛野の武人

昭和五十六年（一九八一）、上越新幹線建設にともなって発見された榛名山東南麓の三《み》ツ寺《でら》I遺跡（高崎市三ツ寺町）の発掘調査が行われた。その結果、一辺約八六メートルの方形区画に濠《ほり》、倉庫、住居、井戸、石敷きなどが検出され、豪族の居館跡と断定された。五世紀前半に築かれ、六世紀前半には廃棄されたと考えられている。この遺跡は、日本の考古学史上はじめて確認された古墳時代の豪族居館跡として有名になった。館の主は上毛野氏かそれに連なる氏族だろう。

平成二十四年（二〇一二）には、榛名山東麓の金井東裏《かないひがしうら》遺跡から、鉄製の甲《かぶと》を着装した成人男性の人骨が出土した。六世紀初頭の噴火による火山灰などの堆積物の下に埋まっていたもので、火砕流にのみ込まれて甲を着たまま命を落としたのだろう。奇妙なことに、その顔は火砕流が迫りくる西側を向き、からだはうつぶせ状になっていた。その近くからは矛や鏃《やじり》なども出土している。

噴火の混乱のなか、なぜ彼は甲をまとってあえて火山をめざしたのか。――彼は上毛野氏系の人物だったのではないだろうか。異国や蝦夷を征討した武人一族としての誇りを胸に、死を覚悟して、荒ぶる火の神に立ち向かったのではないだろうか……。

第九章

秦氏——始皇帝の末裔を称した渡来系豪族

古代氏族の三割は渡来系だった

　これまでたびたび言及してきた『新撰姓氏録《しんせんしょうじろく》』は、範囲が畿内に限定されているとはいえ、平安時代初期にどんな氏族が活動していたのかを知ることできる貴重な史料である。そして改めて全体を見渡してみると、あることに気づかされる。それは、全千百八十二氏のうちの三百二十六氏が「諸蕃《しょばん》」に分類されている、という事実である。つまり、全体の約三割を「諸蕃」が占めている。

「諸蕃」とは、いわゆる渡来人《とらいじん》、渡来系氏族のことで、古代に朝鮮・中国から日本に移住してきた人びととその子孫を指し、ほとんどが朝鮮系である。

　かつては「渡来人」ではなく「帰化人《きかじん》」という語が用いられていたが、「帰化すべき国家がまだ確立していない時期の日本列島への移住者に対して用いるにはふさわしくない」、つまり「帰化」という語には多分に政治的価値・思想が含まれているということで、「渡来人」に言い換えられるようになった。歴史学者の上田正昭《まさあき》氏が一九六〇年代から提唱したもので、『古事記』や『風土記《ふどき》』にも「渡来」の表現はみられる。日本が国家としていつ確立したのかという問題についてはさまざまな議論があるところだが、現在では「渡来人」が歴史学用語としてほぼ定着している。

やや話がそれたが、ともかく、『新撰姓氏録』という平安時代初期の畿内の有力氏族のリストにおいて、渡来系氏族が三割を占めていたということの意味は大きい。三割といっても各氏族の人数は不明なので、単純に「畿内の全人口の三割は渡来人だった」ということにはならない。もちろん『新撰姓氏録』に記録されなかった庶民・農民も数多くいた。しかし、こうしたことを差し引いても、当時の有力氏族を網羅した『新撰姓氏録』における渡来人・渡来系氏族の存在感からは、彼らが古代の日本に与えた政治的・社会的・文化的影響の大きさを推し量ることができる。同時に、このことは、古代豪族を考えるうえで、渡来系氏族を等閑視することができないことを意味する。

そのような渡来系氏族の先駆となり、また代表格となったのが、秦氏《はた》である。

朝鮮半島からやって来た多くの渡来人

秦氏はいつ、どこから日本（倭国）に渡来したのか。

結論から言うと、「渡来時期は五世紀前後、出身地は朝鮮半島の新羅の可能性が高い」ということになるのだが、この問題に移る前に、古代の朝鮮半島情勢について概説しておきたい。

4世紀末頃の朝鮮半島

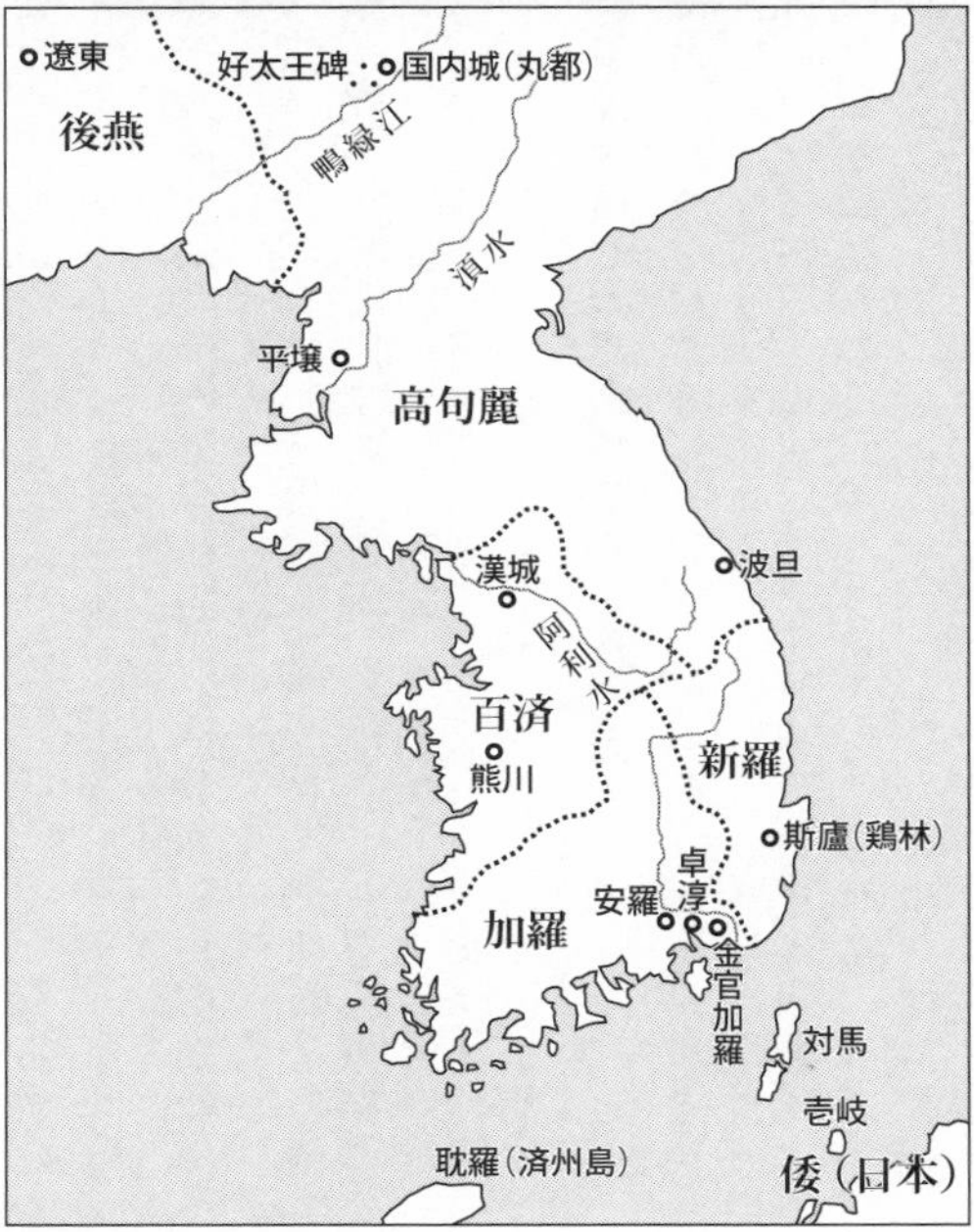

四世紀中頃、朝鮮半島は三つの王国によって割拠されていた。半島北部の高句《こうく》麗《り》、南東部の新羅《しらぎ》、南西部の百済《くだら》である。そしてこれらとは別に、新羅と百済にはさまれた半島南部には小国が群立し、加羅《から》あるいは加耶《かや》（伽耶）と総称された。『日本書紀』では「任那《みまな》」と呼ばれた地域で、ここにヤマト朝廷の朝鮮進出の基地となった任那日本府が置かれたと言われているが、確証はされておらず、また任那の称は朝鮮側ではほとんど用いられていない。

これらの諸勢力のあいだでは抗争が続き、六世紀半ばには加羅諸国は百済や新羅に侵略・併合されて消滅した。

やがて新羅は半島進出をもくろむ中国の唐《とう》と組み、唐・新羅連合軍によって六六〇年には百済が滅亡、六六八年には高句麗が滅んだ。ついで新羅と唐が争ったが、結局、唐は撤退し、六七六年、新羅はついに朝鮮半島統一を果たしている。

このような動静のなか、断続的に半島から日本列島へ多くの人が渡来した。彼らの中には、招かれるようなかたちで渡来した者もいれば、新天地を求めてやって来た一族、亡命して海を渡ってきた王族もいた。そうした人びとのなかで、故国・故郷に戻ることなく、そのまま異郷の地に住み着く道を選んだのが、渡来人だった。

応神朝に渡来した秦氏の祖先

『古事記』『日本書紀』によると、秦氏の祖先が日本に渡来したのは、第十五代応神《おうじん》天皇の時代であるという。それはおよそ四～五世紀と推定される時代である。

『古事記』の応神天皇段をみると、この時代には馬や土木技術・文字・鍛冶《かじ》・機織《はたお》りなど、大陸の先進文化を携えて渡来人が次々にやって来たことになっている。たとえば、新羅からは池を作る技術をもった人びとが渡来し、百済からは、「賢人を派遣してほしい」という天皇の要請に応えて、和邇吉師《わにきし》という学者が『論語』と『千字文《せんじもん》』を携えて来日した。和邇吉師は、文筆の業を家職とした文氏《ふみ》(西文氏《かわちのふみ》とも言った)の祖となったという。

さらに応神段は「また、秦造《はたのみやつこ》が祖、漢直《あやのあたい》が祖、また酒を醸《か》むことを知れる人、名は仁番《にほ》、亦《また》の名は須々許理《すすこり》等参渡《まゐわた》り来《き》ぬ」と記す。このうちの「秦造」は秦氏のことであり(「造」はカバネ)、「漢直」は秦氏のライバルであった東漢氏《やまとのあや》(東漢直)のことで、つまり応神朝に両氏の祖先が日本に渡ってきたというのだが、とくだん個人名は記録されていない。加えて彼らがどこから渡来したのか、『古事記』ははっきりとは書いていないが、文脈からすると、百済から、ということになろう。

次に『日本書紀』をみると、やはり応神天皇の箇所にこれに対応する記事がみられ、しかもより詳細な内容になっている。要約して記してみよう。

「応神天皇十四年、弓月君《ゆづきのきみ》が百済からやって来て、こう天皇に奏上した。『私は自分の国の百二十県から多くの民を率いて参り来ました。ところが、新羅人が妨げたので、民はみな加羅国に留まっています』

そこで天皇は葛城襲津彦《かずらきのそつひこ》を派遣して、弓月君の民を加羅から連れてこさせた。ところが、三年たっても襲津彦は帰還しなかった。

応神天皇十六年八月、新羅のせいで帰還できないでいる襲津彦を迎えるために平群木菟《へぐりのつくの》宿禰《すくね》と的戸田宿禰《いくはのとだのすくね》が加羅に派遣され、精兵を率いて新羅の国境にまで進んだ。すると新羅王は驚愕してその罪に服し、木菟宿禰たちは弓月君の民を率いて、襲津彦とともに帰還した」

弓月君なる人物が百済から多くの民とともに渡来しようとした。本人は日本に来ることはできたものの、民の渡来は隣国の新羅に妨害され、加羅諸国に滞留を余儀なくされるが、二年後に日本からの派兵を得てようやく渡来をはたすことができた――というのがあらましである。

秦氏の始祖を秦の始皇帝とする『新撰姓氏録』

『古事記』との対比から、『日本書紀』が語る弓月君という渡来人をめぐる伝承が秦氏の祖先伝承であろうことは察しがつく。だがしかし、『日本書紀』は弓月君についてこれ以上言及することはなく、秦氏との関係についても具体的には何ら語っていない。

ところが、弓月君を秦氏の祖先として明記する重要史料がある。それが例の『新撰姓氏録』で、「左京諸蕃上」巻の秦氏の条に次のようにある（〔 〕内は原注）。

「太秦公宿禰《うづまさのきみのすくね》　秦始皇帝《しむのしくわうてい》の三世の孫、孝武王《かうぶわう》より出《い》づ。男、功満王《こうまんわう》、帯仲彦天皇《たらしなかつひこのすめらみこと》〔諡《おくりな》仲哀《ちゆうあい》〕の八年《やとせ》に来朝《まゐ》る。男、融通王《ゆうづうわう》〔一《ある》に云《い》はく弓月王《ゆづきわう》。〕、誉田天皇《ほむだのすめらみこと》〔諡応神《おうじん》〕の十四年《とをあまりよとせ》に百姓《たみ》を率《ゐ》て来《き》て帰化《まゐ》り、金《こがね》・銀《しろがね》・玉《たま》・帛等《きぬなど》の物を献《たてまつ》りき」（太秦公宿禰《うずまさのきみのすくね》　秦《しん》の始皇帝の三世孫である孝武王《こうぶおう》の後裔。孝武王の息子功満王《こうまんおう》が仲哀《ちゅうあい》天皇八年に来朝し、功満王の息子融通王《ゆうずうおう》、別名弓月王《ゆづきおう》が応神天皇十四年に民を率いて来朝し、帰化した。金・銀・玉・帛などを献上した）

「太秦公宿禰」は、平安時代初期に秦氏全体の族長的地位にあった一族で、「太秦」がウジ、「宿禰」がカバネである。そのあいだにある「公」は昔のカバネを残したものであろう。その先祖について、始祖は古代中国の秦の始皇帝で、その子孫の功満王が仲哀朝に来朝し、さらにその子の融通王、別名弓月王が仲哀の次の応神朝に大勢の民を率いて渡来したというのである。これを系図にして表せば、次のようになる。

始皇帝―○―○―孝武王―功満王―融通王（弓月王）……秦氏へ

秦の始皇帝（紀元前三世紀）云々が秦氏の出自を高貴なものと見せるための誇称であるこ

とは言うまでもない。功満王が仲哀朝に来朝したというのも、記紀に該当しそうな記述が全くないので、渡来の歴史を古くみせるための誇称のようなものだろう。

だが、その子孫だという応神朝の「弓月王」はどうだろうか。文脈からして、彼は応神天皇紀の弓月君と同一人物であろう。つまり、秦氏の実質的な祖は、弓月君であった。

それでも、『日本書紀』が弓月君と秦氏の関係について何ら触れていないことが気にかかるが、大同二年（八〇七）成立の『古語拾遺《こごしゅうい》』の応神天皇の箇所にも「秦公《はたのきみ》が祖《おや》弓月《ゆづき》、百二十県の民を率て帰化《まゐおもぶ》けり」という記述があり、『日本三代実録』元慶《がんぎょう》七年（八八三）十二月二十五日条の秦宿禰《はたのすくね》永原《ながはら》らの奏言には「秦氏は秦始皇帝の十二世孫功満王の子融通王の苗裔」という表現があり、『新撰姓氏録』には太秦氏以外の秦氏系氏族にも弓月王もしくは融通王を祖として挙げるものがいくつもある。これらのことからすれば、弓月君を秦氏の祖とする伝承がかなり古くから存したことは十分に考えられよう。

秦氏のライバル東漢氏は後漢の霊帝の子孫

ここで、『古事記』『日本書紀』『新撰姓氏録』にみられる秦氏のルーツにまつわる伝承を整理してみると、およそ次のようになろう。

○秦の始皇帝の子孫と称するが、それは権威づけのための造作。

○応神朝に百済から日本に渡来したという弓月君が実質的な始祖。

では、弓月君が歴史的に実在した人物なのかというと、これには否定的な見解が多い。それは、『古事記』にしても『日本書紀』にしても、応神・仁徳天皇ぐらいまでの記事はあまり史実性が高くないとされていることもあるのだが、それ以外にも大きな理由がある。ライバル東漢氏への対抗意識の問題である。

弓月君の伝承は、先に示したように『日本書紀』の応神天皇十四年是歳《ぜさい》条にあらわれているが、じつはその後の同二十年九月条には東漢氏の渡来伝承が記されていて、「倭漢直が祖阿知使主《あちのおみ》、其の子都加使主《つかのおみ》、並《ならび》に己《おの》が党類《たうるい》十七県を率《ゐ》て来帰《まゐけ》り」とある。どことなく秦氏の渡来伝承と似ているが、このことに注目した古代史学者の関晃《あきら》氏は「これだけ酷似している以上は、どちらか一方が他方の真似をしたのだろう」と推断した。そして、秦氏が東漢氏に張り合おうとする対抗意識から真似をし、さらに率いた民の規模を「十七県」から「百二十県」へと増大させ、渡来の年代を東漢氏よりも前にもってきたのだろうと結論づけている（『帰化人』）。言い換えれば、記事とは逆に、秦氏の祖は東漢氏の祖よりも後に渡来したのだろうということである。説得力のある見方である。『日本書紀』の弓月君伝承が、月日を特定しない、「是歳条」という、いかにも付けたり的な箇所に置かれていることも、この見方を後押しする。

また、この見方に立てば、秦氏が秦の始皇帝の子孫を自称したことも納得しやすい。なぜなら、『続日本紀《しょくにほんぎ》』延暦四年（七八五）六月十日条に記された東漢氏の伝承によると、氏祖の阿智王（阿知使主）は後漢《ごかん》の霊帝《れいてい》の曾孫ということになっているのだが、秦氏は、東漢氏に対するライバル意識から、自身の出自を後漢の前の王朝である秦の始皇帝に結びつけたのだろうと考えることができるからである。

もっとも、東漢氏の祖先伝承にしても、どこまで史実をなぞっているのか分明ではない。こうなると、弓月君の歴史的実在性も心もとなくなってくる。

結局、秦氏の渡来伝承としては、『古事記』の応神天皇段における「秦造が祖……参渡り来ぬ」という素朴なものが、いちばん信頼が置けるということになろう。そしてこの素朴な伝承から想像されるのは、最初にある一人の人物が渡来したというのではなく、ある程度の規模の集団――それは必ずしも血縁でつながった一族とはかぎらず、地縁でつながったグループだったのかもしれない――が、しかも一回ではなく何回かにわたって断続的に異郷をめざしてきた、という情景である。

秦氏の渡来時期をめぐってはさまざまな説が唱えられているが、応神朝を中心として考えると、五世紀初頭前後を上限とするのがまずは穏当なところではないか。彼らが渡来した理由もさまざまに想像できるが、一例を挙げておくと、古代史研究家の大和岩雄《おおわいわお》氏は、四世紀末から五世紀初頭に朝鮮半島で人災・天災が頻発し、それを逃れて日本に渡った難民の中に秦氏の祖先がいたのではなかったか、と推測している（『秦氏の研究』）。

秦氏の本当の出身地は朝鮮半島の「辰韓」か

次に問題としたいのは、秦氏の出身地だ。記紀はそれが百済であると示唆するが、秦氏が百済を経由したことはあったにしても、出身地までもそうだったのかというと、じつは疑問視する研究者が多い。

なぜか。ここで関わってくるのが、「秦」という名前の由来である。

秦氏は、『日本書紀』にもとづくと、五世紀後半の雄略《ゆうりやく》朝には「秦《はた》」というウジを称していたとみられるが（後述）、そもそも、なぜ彼らは「秦」という漢字をウジ名としたのだろうか。

「秦《しん》の始皇帝の子孫と伝えられてきたからだ」と考えたいところだが、先にも触れたように、秦氏の始祖が秦の始皇帝だとする伝承は、文献上では平安初期の『新撰姓氏録』にはじめて出てくるものであり、出自を権威づけるために後になって造作されたものと考えるのが合理的だろう。そもそも秦は紀元前三世紀の中国王朝であり、秦氏のルーツをそこまで古く遡らせることにはかなり無理がある。要するに、ウジ名の「秦」が中国王朝名の「秦《しん》」とストレートに結びつくとは考えにくい。

では、「秦」は何に由来するのか。

古代の朝鮮半島に辰韓《しんかん》という国があった。それは正しくは国というよりは小国家の連合で、『魏志《ぎし》』「東夷伝韓条《とういでんかんじょう》」によれば、三世紀頃には十二の小国からなっていた。四世紀に入ると、その中のひとつである斯盧《しろ》国を中心にして諸国が統合され、新羅となった。つまり辰韓は新羅の前身にあたるわけだが、この国は「秦韓《しんかん》」と書かれることもあった。また、辰韓の西には弁韓《べんかん》という小国連合があったが、ここは弁辰と書かれることもあった。後の加羅諸国にあたる地域である。

そのため、秦氏の「秦」は古代朝鮮の辰韓（秦韓）や弁辰に由来し、そこが彼らの出身地だったのではないか、とする説がある。

面白いことに、前出の「東夷伝韓条」によると、辰韓には、中国の秦《しん》の苦役を避けて亡命してきた人たちが住み着いたのがはじまりとする伝承があったという。つまり辰韓そのもののルーツが秦にあると伝えられていたわけで、そうなると、秦氏の遠祖が中国の秦にまで遡る可能性も排除できなくなる。秦氏のルーツは母国を棄てた流亡の民だったのか。先に筆者は「秦氏が秦の始皇帝の末裔を称したのは造作だ」と断じたが、それは少々言い過ぎだったかもしれない。

余談になるが、明治時代末期に歴史学者の佐伯好郎《さえきよしろう》が、キリスト教ネストリウス派（景教《けいきょう》）の教会が中国・唐では「大秦寺」と呼ばれていたことなどをもとに、秦氏のルーツはユダヤ人キリスト教徒だと論じて物議を醸したこともあった。

「ハタ」の由来をめぐる諸説

次の問題は、「秦」と書いてなぜ「ハタ」と読むのか、である。

「秦」という漢字はふつうに読めばシンであって、元の中国語の発音にはハタに類するものは全く存在しない。中国や韓国にも秦という名字を名乗る人はいるが、発音はみな「シン」「チン」「ジン」である。

ハタという読みの由来についてもさまざまな説が唱えられてきたが、有力なものとしては次の三つにしぼりこむことができる。

①機織《はたお》りのハタ、あるいは機で織られた布としてのハタ（服）に由来する。秦氏が大陸伝来の養蚕・機織生産を得意としていたことによる。

②朝鮮語で「海」を意味するpadaに由来する。秦氏が「海」を渡って来朝してきたことにちなむ。加羅諸国の有力国であった、海に面した金海《きんかい》加羅（金官《きんかん》加羅とも。現在の韓国慶尚南道金海《キョンサンナムドキメ》市）と結びつける説もある。なお、本書では秦氏の「秦」の読みをハタで統一しているが、ハダが正しいとする見解もある。

③朝鮮の溟州《めいしゅう》蔚珍《うっちん》郡海曲県の古名「波旦《はたん(パタン)》」に由来し、秦氏はこの地の出身だった。現在の韓国慶尚北道《キョンサンプクド》蔚珍《ウルチン》郡梅花面徳新里《メファミョントッシンリ》、つまり韓国東部の海岸沿い地域にあたる。そこはもとは高句麗領だったが後に新羅に帰属した。

これらの説のうち、近年有力視されているのは③の波旦説である。一九八八年に蔚珍郡竹辺面鳳坪《チュッピョンミョンポンピョン》から「波旦」の文字を刻した新羅時代の石碑が出土し、碑文が作成された六世紀はじめには「波旦」の地名があったことが確認されたからである。

とはいえ、その石碑に波旦と秦氏の関係が記されていたわけでもないので、ハタの由来は結局は謎と言うほかかない。もっとも、名前というものは、必ずしもごく単純に一つの由来だけで成立するものでもないだろう。筆者の苗字は中部地方の地名に由来していることになっているが、居地の近くを川が流れていたこともからんでいたのかもしれない。――ハタという呼称には、ここに挙げたようないくつかの由来が複合していると考えてもよいのではないだろうか。

そして秦氏の先祖たちはハタという言葉を、出身国（秦、辰韓、弁辰）を示唆する「秦」という漢字に結びつけて自族の称とした。そこには秦氏一族が閲してきた複雑な歴史が少なからず反映されているのだろう。

ここで改めて秦氏の故郷を考えてみると、新羅の前身である辰韓や新羅領の波旦のことを考え合わせれば、百済ではなく新羅ではないのか、という思いも浮かんでくる。もちろん、秦氏の由来をめぐる諸説はどれも確証されておらず、確実なことは言えないわけだが、少なくとも「秦氏は新羅系渡来人である可能性が高い」ということは言えるだろう。

ちなみに、東漢氏のアヤは、加羅諸国に属した慶尚南道の安邪《あや》（安羅《あら》）に由来し、そこを彼らの出身地とみる説が有力である。

雄略朝に全国に分散していた秦系一族を統率した秦公酒

『日本書紀』において、応神天皇紀の次に秦氏があらわれるのは雄略天皇紀である。ここにいたってようやく「秦《はた》」というウジ名が明記され、さらに「秦酒公《はたのさけのきみ》(秦公酒《はたのきみさけ》、秦造酒《はたのみやつこさけ》とも)」という秦氏のキーパーソンが天皇の側近として登場し、秦氏の謎めいた別称「ウズマサ(太秦)」の由来も説かれている(十二年十月十日条、十五年条、十六年七月条)。とくに重要なのは雄略天皇十五年条以下で、初期の秦氏に関する貴重な記録ともなっているので、少し長いが、まずは原文を引用してみたい。

「十五年に、秦民《はたのたみ》を臣《おみ》・連《むらじ》等に分散《あか》ち、各欲《おのおのねがひ》の随《まにま》に駈使《はせつか》ひて、秦造《はたのみやつこ》に委《ゆだ》ねず。是《これ》に由《よ》りて、秦造酒《はたのみやつこさけ》、甚《はなは》だ以《も》ちて憂《うれへ》として、天皇に仕《つか》へまつる。天皇、愛《うつく》しび寵《めぐ》みたまひ、詔《みことのり》して秦民を聚《つど》へて、秦酒公《はたのさけのきみ》に賜《たま》ふ。公《きみ》、仍《よ》りて百八十種《ももあまりやそくさ》の勝《すぐり》を領率《ひき》ゐて、庸《ちからしろ》・調《みつき》の絹《きぬ》・縑《かとり》を奉献《たてまつ》り、朝庭《みかど》に充積《みてつ》む。因《よ》りて姓《かばね》を賜《たま》ひて禹豆麻佐《うづまさ》と曰《い》ふ。〔一《ある》に云はく、禹豆母利麻佐《うづもりまさ》は、皆盈積《みなみてつ》める貌《かたち》なりといふ。〕」

十六年の秋七月に、詔して、桑《くは》に宜《よ》き国県《くにあがた》に桑を殖《う》ゑしめたまふ。又秦民を散《あか》ち遷《うつ》して、庸・調を献《たてまつ》らしめたまふ」

はじめに注記しておくと、文中に「秦造酒」と「秦酒公」があって若干混乱するかもしれないが、両者は同一人物であり、人名中の「造」「公」はカバネで、「酒」が名前である。一般に秦氏は天武朝までは「造」のカバネを称したと考えられているが、上田正昭氏は、秦氏の主流は当初は公のカバネを与えられていたが、後のある時期にそれが造に代わったことを雄略紀は示唆しているのではないかと推定している（『渡来の古代史』）。以下ではこの人物のことを「秦酒」と表記することにしたい。

さて、原文の内容をざっくり要約して記してみよう。

雄略天皇の時代、秦の民は各地に分散したうえに、有力豪族たちにかすめ取られて使役されていたため、秦氏には管理できなくなっていた。

ここで言う「秦の民」とは、豪族としての秦氏のことではなく、秦氏の支配下にあった人びとを指すと考えられている。いわば秦系一族、秦族とも言うべき人びとで、必ずしも秦氏の子孫や渡来系の人たちであるとはかぎらない。後に「秦人《はたひと》」「秦部《はたべ》」「秦人部《はたひとべ》」と呼ばれることになった人たちで、歴史学者の加藤謙吉氏によれば、秦人は渡来系、秦部・秦人部は日本人（倭人）であり、基本的に農民であったと考えられるという（『秦氏とその民』）。

彼らは秦氏に統率された部民《べみん》であったとも言えよう。
さて、秦氏の族長であった秦酒はこのことを憂いながら天皇に仕えていたが、天皇は秦酒を寵愛していたので、命じて全国の秦の民を一堂に集めさせ、彼らを秦酒に与えた。そこで秦酒が彼らを統率することになり、お礼として天皇に絹などの織物を献上し、それを朝廷にうずたかく積み上げた。このことにちなんで天皇はウズマサという別称を秦氏に与えた。

ここで原文はウズマサを「姓《かばね》」としているが、彼らの現実のカバネは公か造だったので、ここでは別称もしくは美称のようなものと解すべきだろう。秦氏の族長に対する尊称とする説もある。ウズマサには後に「太秦」の字があてられるが、この表記も秦氏に対する美称・尊称といえる。地名にも転化し、京都の太秦（古くは山背《やましろ》国葛野《かどの》郡に属した）が平安遷都以前からの秦氏の居住地・本拠地だったことはよく知られている。また、奈良時代には秦氏傍系氏族と思われる秦下《はたのしも》氏が「太秦」のウジ名を賜り、秦氏の族長的地位に就いている。これが先にも触れた太秦公宿禰で、カバネは最初は公だったが、最終的には宿禰を賜っている。

さて、ウズマサ称が与えられた翌年の七月、天皇は桑を全国の適地に植えるよう命じ、また秦の民を各地に分散して移住させ、絹織物などを献上させた。

以上があらましである。ポイントは、秦氏に帰属した秦系一族が全国各地に分散して居住していたこと、それを秦氏のリーダーで天皇に伺候していた秦酒が改めて統率したこと、彼らが絹などの織物の殖産に従事したこと、そして天皇からウズマサという別称あるいは称号を賜ったといったところになろうか。

『新撰姓氏録』「山城国諸蕃」巻の「秦忌寸《はたのいみき》」条にも同様のエピソードが記されているが、ここでは秦酒が天皇から賜った秦系一族が「九十二部、一万八千六百七十人」にのぼったと書かれている。

ウズマサの語源をめぐる謎

一般に雄略天皇紀のこの記事は、秦氏がウジとして、豪族として確立したことを示していると考えられているが、これについてもその史実性に疑いをはさむ向きは多い。

たとえば、ウズマサという別称の由来が秦酒が絹類をうずたかく積んだことにちなんでいると説明されているが、前出の関晃氏は、これはウズマサという言葉から逆に作り出された説話であり、分散していた秦の民をこのとき再び集めたというのもおそらく事実ではない、秦氏が多数の部民を擁するようになった後世の状態から作り出されたものではないか――と、津田左右吉《そうきち》氏の所説を引きながら指摘している。要するに、「織物をうずたかく積んだから、ウズマサだ」というのはこじつけにすぎないというのだ。

また、秦氏と言えば、その名前もあってか、機織りの氏族というイメージが形成されているが、実際には、このウズマサ説話以外に秦氏と機織り・織物との結びつきを明示する史料は見当たらない。したがって、「秦氏＝機織りの氏族」というイメージも、ウズマサ語源説話から派生したものにすぎない――というようなことも関氏は指摘している。

だとすれば、ウズマサという不思議な響きをもつこの名前は、何に由来するのか。

この問題をめぐっては、ウズを「貴い」の意味をもつ古語のウヅ、マサを「勝」と解して、族長の意と解する説（三品彰英《みしなしょうえい》氏）や、ウズを韓国慶尚北道蔚珍郡蔚珍の古地名「于抽《ウチュン（ウツ）》（于珍）」と結びつける説（鮎貝房之進氏、山尾幸久氏）などが唱えられている。後者の蔚珍古地名説は秦氏新羅出身説を補強するものと言えるが、しかし結局のところ、定説があるとは言い難い状況である。

こうなってくると、秦酒の実在性も疑わしくなってくるわけだが、歴史学者の水谷千秋氏は「応神朝に渡来したとされる弓月君が伝説上の始祖と言うべき存在であるのに対して、秦酒公は事実上の初代と言ってもよいだろう」と指摘している(『謎の渡来人　秦氏』)。弓月君よりはたいぶ実在性の増す人物と言えるのではないだろうか。

聖徳太子の側近として活躍した秦河勝

雄略朝後の秦氏だが、『日本書紀』においては、次の二人を主要な人物としてあげることができる。

一人は欽明《きんめい》天皇の時代(六世紀半ば頃)の秦大津父《はたのおおつち》で、即位前の欽明の瑞夢《ずいむ》にもとづいて山背国紀伊郡深草里《ふかくさのさと》(京都市伏見区深草)から召し出されて厚遇され、欽明が即位すると大蔵省《おおくらのつかさ》に任じられた(欽明天皇即位前紀)。さらに秦人七千五十三戸が戸籍に付され、大《おお》蔵掾《くらのまつりごとひと》(おそらく秦大津父のこと)が秦部の伴造《とものみやつこ》となった(元年八月条)。

もう一人は推古《すいこ》朝・皇極《こうぎょく》朝の秦河勝《かわかつ》である。河勝は一般には聖徳太子の側近として知られ、おそらく秦氏で最も著名な人物だろうが、『日本書紀』において彼の名があらわれるのは、じつは次の三カ所にすぎない。

①推古天皇十一年(六〇三)十一月一日条:河勝は厩戸皇子《うまやとのみこ》(聖徳太子)から仏像を賜り、

これを安置するために蜂岡寺《はちおかでら》(京都太秦の広隆寺《こうりゅうじ》の別名)を造った。

②同十八年十月九日条:天皇に命じられて、新羅から朝廷へやって来た使者の案内役を河勝が務めた。

③皇極天皇三年(六四四)七月条:東国富士川のほとりで大生部多《おおふべのおお》という人物が「常世神《とこよのかみ》」への信仰を人びとに勧め、それがもとで社会に混乱が生じるが、河勝が大生部多を討ってこの騒動を鎮めた。

河勝が聖徳太子の側近としてイメージされるようになったのは、平安時代以降に成立した太子伝(『上宮《じょうぐう》聖徳太子伝補闕記《ほけつき》』『聖徳太子伝暦《りゃく》』)の影響によるところが大きい。ご覧のように、『日本書紀』が河勝と太子の直接的なつながりに言及するのは、わずかに①のひとつしかない。

加えて、秦酒・大津父・河勝が秦氏の系譜上、どのような関係にあるのかは『日本書紀』からは明らかではない。秦氏の後裔の一つである惟宗《これむね》氏の系図(江戸時代末期成立)では、酒の直系の孫宇志《うし》の甥が大津父、宇志の孫が河勝となっているが、この系図はさほど信頼のおけるものではない。

さまざまな産業に従事して全国に分布した

古代の秦氏は比較的よく名が知られている豪族だと思うが、謎が多く、その実像はどこか茫洋としていてとらえがたい。豪族として具体的にどんな職務を管掌したのかがあまりはっきりしないし、物部《もののべ》氏や蘇我《そが》氏のように政権の中枢で活躍したわけでもない。「渡来系」ということのほかに、さほど特徴のある豪族にもみえない。

しかし、記紀以外の諸史料・文献も踏まえて、古代史を大きく見渡してゆくと、表向きは目立たないながらも、秦氏の特色、あるいは彼らが古代日本に及ぼした影響として、次のような点を挙げることができるだろう。

○氏族としての規模が大きく、山背国(京都府南部)を本拠として、全国各地に分布した。配下の秦人・秦部・秦人部も合わせて分布し、同族集団を形成した。

○一族全体としては、蔵の管理・土木・建設・農耕など、さまざまな産業に従事し、巨大な殖産力を形成した。たとえば、京都桂川《かつらがわ》の葛野大堰《かどのおおい》は秦氏が一族をあげて造成したと言われ、治水や灌漑に大きく貢献した。

○早くから仏教に帰依《きえ》し、弥勒菩薩《みろくぼさつ》を本尊とする京都の古刹広隆寺を建立し、氏寺《うじでら》とした。

8世紀初めに秦氏が稲荷山に穀霊神を祀ったことにはじまると伝わる伏見稲荷大社。

○神祇信仰との関わりも深く、全国津々浦々に伝播した稲荷《いなり》信仰の本源である京都の伏見稲荷大社は、八世紀はじめに秦氏が稲荷山に穀霊神を祀ったことにはじまると伝えられている。京都葛野の松尾《まつのお》大社も秦氏とのつながりが深い。
○秦河勝を芸能の創始者とする伝承があり、能楽《のうがく》を大成させた室町時代の世阿弥《ぜあみ》は秦氏を称した。

付け加えておけば、平安遷都は、古くから京都を地盤とした秦氏の貢献によるところが大きいと言われている。

総じて言えば、ゆるくもなくきつくもない適度な団結力と、貴族的でもなく官僚的でもない豊かな包容力が、秦氏の裾野を広げ、長く存続することを可能にしたと言えようか。言い換えれば、「海の向こうからやってきた」という渡来系氏族としての出自への自覚さえあれば、彼らはうまくつながり合うことができた。地方から都市に移住してきた人たちが、同じ県の出身者と同郷ということで気軽につながりあえるのと似たような構図だろう。伝説ではあれ、秦の始皇帝までルーツが遡るということも、彼らの団結力とフロンティア精神に少なからず寄与したことだろう。そしてもちろん、彼らが先祖から受け継いだ大陸系の先進文化や技術は、日本社会を生きるうえで心強い武器となったことだろう。

秦氏は、八世紀後半からは種々に改氏姓しながら支族を増やしていった。畑、羽田、秦野、畠山のように「ハタ」を残すケースもあれば、服部、惟宗、赤染《あかぞめ》、辛嶋《からしま》というように、全く違う姓氏になってしまったケースもある。戦国大名の長宗我部《ちょうそかべ》や島津ももとをたどれば秦氏だ。

きっと読者のまわりにも一人や二人は秦氏の末裔がいることだろう。いや、ひょっとすると、読者自身がそうなのかもしれない。

第十章

中臣氏

——多様な氏族の血脈をつないだ古代豪族の覇者

神祇祭祀を司った中臣氏から生じた藤原氏

中臣《なかとみ》氏と言えば、多くの人は、誰もが知る名門貴族藤原《ふじわら》氏の前身として記憶しているだろう。藤原氏の始祖鎌足《かまたり》は、たしかにその死の直前まで「中臣」のウジを名乗っていた。

『日本書紀』によると、飛鳥《あすか》時代の天智《てんじ》天皇八年(六六九)十月十日、中臣鎌足が重い病の床に臥すと、天皇は自ら鎌足の家に行幸して見舞い、「必要なことがあれば、何でも申し出よ」と述べ、鎌足を恐縮させた。十五日、天皇は今度は大海人皇子《おおあまのみこ》を名代として鎌足邸へ遣わした。そして大海人皇子は、鎌足に大織冠《たいしょくかん》の冠位(二十六階冠位の第一)と大臣《おおおみ》の職位を授け、さらに「藤原」のウジ名を授けたのである。「藤原」は、後述するが、飛鳥にあった鎌足生誕地の地名である。

鎌足は天智天皇の寵臣で、かつて鎌足は皇子であったころの天智とともに乙巳《いっし》の変(六四五年)を起こして蘇我《そが》氏本宗家を倒し、その後は内臣《うちつおみ》となって天智をよく補佐した。そのため天智は、永遠の別れを目前にした鎌足に対して、最上の地位を贈るのみならず、ウジ名という、目には見えないながら、子々孫々にわたって末永く誉れとなる無上の贈り物を与えたのである。藤原氏の長い栄光は、このときにはじまった。

鎌足は、翌十六日に没した。享年は五十六であった。

このように、中臣氏から藤原氏が誕生した様は、正史に明確に記録され、その後の藤原氏の歴史はさまざまな記録に残されているが、中臣氏はどうかというと、鎌足より以前のことについては、あまりはっきりしたことがわかっていない。

ただし、神話的起源ははっきりしている。まずはそれを紹介しておこう。

忌部《いんべ》氏の章の説明と重なるが（第五章参照）、天照大神《あまてらすおおみかみ》の天岩屋籠《あまのいわやごも》りの場面で、大神を招き出す神事のために、忌部氏の祖神太玉命《ふとたまのみこと》とともに、祭具として玉・鏡・幣《ぬさ》を掛けた聖木を用意したのが、中臣氏の祖神天児屋命《あまのこやねのみこと》であった（『日本書紀』神代上・第七段正文）。『日本書紀』同段一書《あるふみ》第二や『古事記』のこの場面では、天児屋命は神事のための祝詞《のりと》を唱えたことになっていて、たとえば前者は「中臣が遠祖天児屋命、則《すなは》ち以《も》ちて神祝《かむほさ》き祝《ほさ》きき」と記している。

天孫降臨の場面でも、瓊瓊杵尊《ににぎのみこと》に随従する五部神《いつとものおのかみ》の一柱として、太玉命とともに天児屋命が挙げられていて（神代下・第九段一書第一）、またこの二神はともに高皇産霊尊《たかみむすひのみこと》からは地上世界での祭祀を託され、天照大神からは宝鏡の守護を命じられている（神代下・第九段一書第二）。『日本書紀』はこの場面で「天児屋命は神事《かむごと》を主《つかさど》る宗源者《もと》なり。故、太占《ふとまに》の卜事《うらこと》を以《も》ちて仕《つか》へ奉《まつ》らしむ」とも記し、天児屋命が神事や卜占《ぼくせん》をもって皇祖に仕える神に任じられたことを強調している。

これらの神話は、実際に宮廷の神事・祭祀を司り、祝詞奏上を担当した中臣氏の職掌に対する、わかりやすい縁起譚になっている。

ちなみに、天児屋命という神名は、新潮日本古典集成版『古事記』付録の西宮一民氏による「神名の釈義」によると、「天上界の、小家屋」の意で、託宣の神の居所を表現したものだという。

神と天皇、天皇と臣のあいだを取り持ったナカトミ

神事・祭祀という中臣氏の職掌は、彼らのウジ名の由来にもなっていると言われてきた。奈良時代後半（七六〇年頃）に編まれた藤原氏の家史『藤氏家伝《とうしかでん》』の「鎌足伝」には、「世の天地の祭を掌《つかさど》り、人と神の間を相和す。仍《よ》りて其《そ》の氏《うじ》の命《みこと》は大中臣《おおなかとみ》と曰《い》ふ」と書かれている。祭祀によって神と人間とを仲介することを仕事してきたので、ナカトミと称したというのである。

これを敷衍するようなかたちで、中臣を「中執臣《なかとりおみ》」の略と解したのが本居宣長《もとおりのりなが》で、彼は「神と君との御中《みなか》を執持《とりもち》て申す職《つかさ》」が中臣氏であったとしている（『古事記伝』十五之巻）。

「中執臣」という場合の「臣」は、カバネの臣（オミ）のことではなく臣下の意であり、また「君」とは天皇のことを指すのだろう。つまり、中臣とは、神と天皇のあいだを取り持って両者に仕える者のことだと言うのである。

折口信夫《おりくちしのぶ》はナカトミをナカツオミ（中つ臣）の略とし（『日本文学史ノートI』）、また神と人、あるいは神と天皇のあいだというよりは、天皇と群臣のあいだを取り持つ意に解して、中臣氏とは「天子様と群臣との中間に居て、天子様の御言葉を、群臣に伝達する職のもの」とした（「大嘗祭《だいじょうさい》の本義」）。

いずれにせよ、ナカトミを祭祀によって聖と俗の仲を取り持つ者という意味に解するもので、説得力をもつ見方である。

ところで、中臣氏のカバネは、天武《てんむ》天皇十三年（六八四）の「八色《やくさ》の姓《かばね》」制で朝臣《あそん》を賜るまでは、一貫して連《むらじ》であって、臣《おみ》であったことはなかった。そもそも、臣姓は蘇我氏、平群《へぐり》氏など、地名をウジ名とした畿内の有力豪族に多いカバネで、中臣氏のような特定の職務によって天皇家に仕えた伴造《とものみやつこ》系の豪族にはそぐわない。にもかかわらず、読みがトミとなっているとはいえ、臣というカバネと紛らわしい字が名前に入っているので混乱を招きがちである。「中臣連」という表記には、この氏族が、カバネが臣でもあり連でもあるような、特別に尊貴な存在であることを思わせるようなところがある。このことは、はからずも中臣氏のネームバリューを上げることに寄与したのではないか。

実在性が高まるのは欽明朝の鎌子から

神話的起源をおさえたところで、次は中臣氏の歴史的起源を探ってみたい。

『日本書紀』の神代巻以降の記事から中臣氏系の人物を拾ってみると、神武《じんむ》東征の従臣で九州宇佐の菟狭津媛《うさつひめ》を妻とした「中臣氏が遠祖」天種子命《あまのたねこのみこと》（神武天皇即位前紀）、垂仁《すいにん》天皇の詔《みことのり》によって神祇祭祀を託された五大夫《いつたりのまえつきみたち》の一人として名が挙がる「中臣連が遠祖」大《おお》鹿島《かしま》（垂仁天皇紀二十五年二月八日条）、神功皇后が神託を乞うた際に審神者《さにわ》を務めた中臣《なかとみの》烏賊津使主《いかつのおみ》（神功皇后摂政前紀）などがいるが、彼らはいずれも伝説色が濃く、歴史的に実在した人物とは認めがたい。

中臣氏の人物で実在性が高まるのは、欽明《きんめい》朝（六世紀半ば）の崇仏論争で物部尾輿《もののべのおこし》とともに排仏を主張した中臣鎌子《かまこ》あたりからである（紛らわしいことに、鎌足の別名に「鎌子」があるが、それとは別人）。当時、朝鮮半島の百済《くだら》から仏教が公伝したが、マエツキミの一人であった彼は神祇祭官として排仏的態度をとり、排仏派の急先鋒であった大連《おおむらじ》の物部氏と協働したのだろう。

その後をみると、敏達《びだつ》朝・用明《ようめい》朝にも排仏に加担した中臣氏の人物として勝海《かつみ》、磐余《いわれ》がいる。推古《すいこ》朝では中臣国《くに》が新羅《しらぎ》征討を主張して大将軍となり、推古崩後の皇位継承をめぐる混乱時には蘇我氏が推す田村皇子《たむらのみこ》（後の舒明《じょめい》天皇）の即位に同調する人物として中臣弥《み》気《け》が登場する。

そして舒明朝の次の皇極《こうぎょく》朝になっていよいよ鎌足があらわれ、中大兄皇子《なかのおおえのみこ》（天智天皇）とともに政治を改革してゆく、という流れになる。

中臣氏の古系図も欽明朝を画期とする

ただし、今ここに六～七世紀の中臣氏の人物として挙げた、鎌子・勝海・磐余・国・弥気・鎌足らが、系譜的にどうつながるのかは、『日本書紀』からははっきりしない。

中臣氏の古系図の一つである『中臣氏系図』（『群書類従』第六十二巻所収）は、延喜《えんぎ》六年（九〇六）に大中臣氏（中臣氏の後身）が朝廷に提出した「本系帳」が引用されていて、史料としての信憑性は高いとされている。その内容を整理して最初の方の系図を示すと、左記のようになる。

黒田《くろた》—常磐《ときわ》—可多能祐《かたのさ》（方子《かたこ》）
- 御食子《みけこ》（弥気）—（藤原）鎌足—不比等……藤原氏へ
- 国子《くにこ》（国）……大中臣氏へ
- 糠手子《ぬかてこ》

この系図には『日本書紀』に登場する鎌子・勝海・磐余の名が見当たらない。彼らは、中臣氏といっても鎌足たちとは別系統の一族であったのだろう。おそらく、本来は彼らの系統が中臣氏の本流だったが、彼らが加担した排仏派の物部氏が丁未《ていび》の乱（五八七年）で崇仏派の蘇我氏との戦いに敗れると、没落してしまったのだろう。

残りの国・弥気・鎌足については、黒田なる人物を祖とする同じ系統の一族であることがわかる。弥気（御食子）は鎌足の父親であったらしい。

そしてここが重要なのだが、じつはこの『中臣氏系図』に引かれる「本系帳」は、黒田の子の常磐について、黒田の二男であると記し、加えて「右大連始めて中臣連姓を賜る。磯《し》城嶋宮《きしまのみや》御宇《あめのしたしろしめす》天国押開広庭天皇《あめくにおしはらきひろにはのすめらみこと》の代」と記している。中臣氏の人物が大連に就いたことはないので、「大連」というのは連のカバネを誇張した表現と思われるが、「磯城嶋宮御宇天国押開広庭天皇」は欽明天皇のことである。つまり、欽明朝の常磐の代になって、一族ははじめて連のカバネを称したというのである。おまけに「本系帳」は、常磐の名の横に「中臣姓始」と傍書している。とすると、常磐が中臣氏本来の始祖ということになる。

黒田と常磐、その子の可多能祐は『日本書紀』には見出せない名だが、『中臣氏系図』によると、彼らは政権の要職には就かなかったようなので、そのために正史には記録されなかったのだろう。ただし、連姓を賜った常磐が欽明朝の人物だったというのは、『日本書紀』でやはり欽明朝の鎌子から中臣氏の史実性が高まるのと符合するもので、ここから、常磐が中臣氏総体の始祖と言えるかどうかはさておき、欽明朝という六世紀半ばを豪族としての中臣氏の実質的な始原期とする見方を導くことができる。このことは、欽明朝になって、仏教公伝に刺激されて、中臣氏がになった宮廷祭祀のシステムが整備されたこと、あるいは刷新されたことを示唆する。

そして、丁未の乱で物部氏とともに鎌子系の中臣氏が没落すると、それに代わって常磐系の中臣氏が台頭し、本流に成長したのだろう。古代史学者の加藤謙吉氏は、政権中枢をになうマエツキミ(議政官)と宮廷祭祀を束ねる祭官職を兼任していた勝海の死をへて、推古・舒明朝に弥気が中臣氏の族長の地位に就き、この二つの職を継承したのだろうと推察している(『日本古代の豪族と渡来人』)。

卜占を司った卜部氏との関係

このように見てゆくと、中臣氏の歴史は意外に浅いようにも思えてくるのだが、『中臣氏系図』にもとづいて、六世紀半ばになって中臣氏が成立したとするならば、それ以前の彼らはどんな氏族に属し、何を職掌としていたのだろうか。

じつは、中臣氏の前身は卜部《うらべ》氏だったとする説がある。

というのも、中臣氏の重要系図には、前出の『中臣氏系図』のほかに、『大中臣氏系図』(『続群書類従』第七輯下所収)と『尊卑分脈《そんぴぶんみゃく》』(南北朝時代編纂)所載のものがあるのだが、それぞれの系図の常磐の注に「本は卜部なり」と記されているからだ。

卜部氏とは、亀卜《きぼく》や鹿卜《しかうら》による占いを職として朝廷に奉仕した氏族で、占部とも書かれた。出身地別に伊豆・壱岐・対馬の三系統が有名だが、この三国以外の諸国にも卜部が居住していたらしい。各地域の国造《くにのみやつこ》に統率されて朝廷に貢進された卜占を司る部民《べみん》もしくはそれを束ねるウジが原形だろう。亀卜は亀の甲羅を焼き、そのひび割れ具合で吉凶を占うもので、中国から伝わったと言われる。鹿卜は鹿の肩骨を焼いて占うもので、太占《ふとまに》とも言い、日本古来の占法と言われる。『古事記』の天岩屋祭祀の箇所には、天児屋命と太玉命が鹿卜を行う場面がある。令和元年(二〇一九)の大嘗祭に際しては、祭祀で使う米を収穫する地方を亀卜によって決める「斎田点定の儀《さいでんてんていのぎ》」が行われた。

このような卜占を職とする卜部氏から中臣氏が分かれ出たというのである。

神意を伺う占いと神事・祭祀は密接な関わりがあるので、これは決してありえないことではないが、逆に中臣氏の部民が卜部だった、中臣氏が卜部氏を統率していたとする見方もある。古い時代のことははっきりしないが、たしかに律令《りつりょう》制下では、中臣氏が大祓《おおはらえ》などの祓の儀式を行うときに卜部が補佐的な役割をになない、卜部を管理したのは中臣であった。また、卜部氏の始祖とされる雷大臣《いかつのおみ》が、『日本書紀』で神功皇后に仕えた中臣烏賊津使主と同一視されていることも、中臣・卜部の主従関係を示唆する。ただし、平安時代には伊豆の卜部氏の系統が神祇官でとくに勢力をもつようになり、やがて中臣氏の支配を脱して、神祇官の要職を継承するようになっている。

系図上の「本は卜部なり」の注を、神道界における地位の強化を目論んだ、伊豆卜部氏後裔の吉田氏による追筆とする説もある。しかし、神祇祭祀という中臣氏の職掌と卜占という卜部氏の職掌が切っても切れない関係にあったのは事実であり、先に触れたが、『日本書紀』の天孫降臨の箇所には中臣氏の祖神天児屋命が「太占の卜事」を以て皇祖に仕えたとある。こうしたことを考慮すれば、両氏のあいだに族的なつながりがあったとしても不思議ではない。

歴史上のある時期、神祇祭祀制度の整備に伴い、卜占をこととしていた氏族のなかから祭官職をになうメンバーが抜擢され、新たなウジが生じた――という経緯も考えられよう。

よくわかっていない中臣氏の出身地

中臣氏をめぐる謎には、出身地・本拠地はどこか、というものもある。

古い文献史料には中臣氏の出身地を明記するものがなく、そのため諸説が唱えられてきたが、有力なものを挙げると、次のようになろう。

①河内国《かわち》(大阪府南東部)の生駒《いこま》山西麓:中臣氏の祖神天児屋命を古くから祀り、中臣氏の氏神《うじがみ》的な扱いを受けていた枚岡《ひらおか》神社(東大阪市出雲井町)が鎮座する。『新撰姓氏録《しんせんしょうじろく》』の「河内国神別《しんべつ》」の巻には、中臣系氏族が九氏載せられている。また、『藤氏家伝』によれば、中臣鎌足は河内国に接する摂津《せっつ》国三島郡(大阪府高槻市付近)に別邸を有していた。

②飛鳥の藤原(大原《おおはら》):『藤氏家伝』によると、鎌足は推古天皇三十四年(六二六)、「藤原の邸宅(藤原之第)」で生まれた。その場所は大和国高市《たけち》郡大原《おおはら》とされ、現在の奈良県高市

郡明日香村小原《おおはら》にあたる。「藤原」はその地域の別称か通称のようなものだろう。現在、同地には大原神社が鎮座し、鎌足生誕地と伝えている。「藤原」のウジ名の由来でもある。

③常陸国《ひたち》（茨城県）：平安時代後期成立の歴史物語『大鏡《おおかがみ》』に「鎌足は常陸国の生まれ」と書かれている。また、常陸国には藤原氏の氏神武甕槌神《たけみかづちのかみ》を祀る鹿島神宮があり、古くから中臣氏が奉仕した。『常陸国風土記《ふどき》』によると、崇神《すじん》天皇が大中臣神聞勝命《おおなかとみのかむききかつのみこと》の神託にもとづいて鹿島神に神宝を捧げたという伝承があり、久慈《くじ》郡には鎌足の封戸《ふこ》（貴族や寺社に給与された人民）が設けられていた。常陸居住の卜部が中臣氏の母胎だったとする見解もある（横田健一『日本古代神話と氏族伝承』）。

④九州の豊前国《ぶぜん》：豊前国仲津《なかつ》郡に「中臣村《なかとみ》（中臣郷）」があった。現在の福岡県行橋《ゆきはし》市旧草《くさ》場《ば》地区から京都《みやこ》郡みやこ町田中にかけてのあたり。

しかし、どの説も決め手を欠く。

①説は枚岡神社の存在が基本的論拠になっているが、同社が祭神を天児屋命とすることの文献上の初出は『日本三代実録』貞観《じょうがん》元年（八五九）正月二十七日条であり、同社が中臣氏の氏神として重んじられるようになったのが平安時代に入ってかららしいことは、この

鎌足の生誕地と伝わる奈良県明日香村小原の大原神社。同社のすぐ近くには母である大伴夫人の墓と伝わる円墳もある。

説の弱点となっている。

②説の藤原が鎌足の誕生地であったことはほぼ間違いないのだろうが、その邸宅は中臣氏のものではなく母大伴《おおとも》夫人《ぶにん》の実家であった可能性もある。ただし、六世紀末以降、宮都はおおむね飛鳥に置かれたので、飛鳥内に中臣氏の拠点があったことは確かだろう。だが、そこが氏族の本貫《ほんがん》であったかどうかはわからない。

③の常陸説が比較的説得力をもつが、中臣氏の活躍の主たる舞台となった大和からみて遠国の地であることが大きなマイナスポイントである。それに、鹿島神宮は藤原氏の氏神ではあるが、中臣氏のそれではない。なお、藤原氏の氏社としては奈良の春日《かすが》大社が有名だが、その創建は平城遷都（七一〇年）後の奈良時代である。

結局、中臣氏の出身地は不明であると言わざるを得ないだろう。

藤原氏の発展後も中臣氏は祭祀氏族として存続

鎌足以後の中臣氏の動向を記しておくと、冒頭に書いたように、天智天皇八年（六六九）に鎌足が藤原のウジを賜ったが、この時点では藤原氏を称したのは、鎌足家だけであった。鎌足没後、彼の従兄弟にあたる中臣金《かね》が天智朝の右大臣《みぎのおおおみ》になるが、天智没後、壬申《じんしん》の乱（六七二年）では近江朝廷（大友皇子）側につくも、大海人皇子（後の天武天皇）側の軍に敗れ、斬殺された。そして天武天皇十三年（六八四）に中臣氏は朝臣のカバネを賜るが、これ以後、鎌足家以外の中臣氏も藤原のウジを称するようになる。

ところが、文武《もんむ》天皇二年（六九八）八月、天皇の詔《みことのり》により、鎌足の嫡子不比等《ふひと》の直系以外は、藤原氏から中臣氏に復することになった。復した中臣氏のなかでは、鎌足のおじにあたる国の子孫の系統が優勢となり、そのうちの清麻呂《きよまろ》は神護景雲《じんごけいうん》三年（七六九）六月、大中臣朝臣のウジ・カバネを賜り、後には右大臣《うだいじん》にもなった。以後、大中臣氏は祭祀を司る神祇官の上級官人や伊勢神宮祭主の職を継承し、神祇祭祀を本来の職掌とした中臣氏の面目を保った。

一方の藤原氏が、不比等以後、天皇と姻戚関係を結んで力を強め、やがて廟堂《びょうどう》を一族で占有し、中臣氏をはるかに凌駕する繁栄を手にすることになるのは、周知のとおりである。

このように歴史を見渡してゆくと、古代豪族時代の終盤である飛鳥時代後半に出現した藤原氏こそが古代豪族の勝者であり、彼らの登場が豪族による合議政治を完全に終焉させ、官僚的な貴族社会をもたらしたと言える。そしてその貴族社会も、平安時代には藤原氏が圧倒的多数を占めるようになり、摂政《せっしょう》・関白《かんぱく》を独占して天皇家との一体化を強め、その体制は、基本的には明治維新まで続いてゆくのだ。その余禄にあずかったのが、中臣氏だったとも言える。

記紀神話は、中臣氏の祖神が皇祖神の側近であったと語るが、これは宮廷祭祀を司った中臣氏の「そうであってほしい」という願望が投影されたものであって、現実には中臣氏と天皇家の関係は、当初はそれほど近しいものではなかった。天児屋命と皇祖神をめぐる神話は、おそらく、六世紀に入ってから中臣氏によって紡ぎ出されたものだろう。

ところが、おもしろいことに、七世紀、八世紀と時代が進むにつれて、中臣氏・藤原氏と天皇家との距離はみるみる縮まってゆき、神話に描かれたような関係が現実化していった。そして彼らは、ナカトミの名が象徴する、天皇と民とのあいだを取り持つ地位を恒常的なものとしたのである。

多様な氏族の血脈をつないだ藤原氏

なぜ、藤原氏は豪族社会の最終的な勝者となることができたのだろうか。

ここで注目したいのは、鎌足の柔軟性である。

欽明～用明朝で、鎌足とは別系統の中臣氏である鎌子、勝海らが朝鮮半島から伝来した仏教の排撃に加わったことは先に記したが、これは、彼らが在来の神祇祭祀を職掌としていたことを考えれば、至極当然のことであった。

だが、結果的にこのことが仇となって鎌子・勝海の系統の中臣氏は没落してしまった。

これに対して、鎌足は自氏の職掌に固執する姿勢を見せなかった。むしろ、彼は仏教に非常な興味を抱いていたらしい。鎌足は山背《やましろ》国山階《やましな》（京都市山科区）にあった自邸を寺にしたと言われ、この山階寺が奈良の興福寺《こうふくじ》のルーツとなった。『藤氏家伝』に収められている、鎌足の死を悼んだ天智天皇の恩詔《おんしょう》によれば、鎌足は熱心な弥勒《みろく》信者だった。鎌足の長子の定恵《じょうえ》（不比等の兄）は出家して僧侶となっている。

そもそも、鎌足は皇極朝で神祇伯《じんぎはく》（神祇祭祀の官人の長）に任じられているが、これを再三固辞し、病気と称して摂津の三島に隠遁している（『日本書紀』皇極天皇三年正月一日条）。固辞した本当の理由としては蘇我氏系政権への敬遠が考えられるが、家職を退いたことの

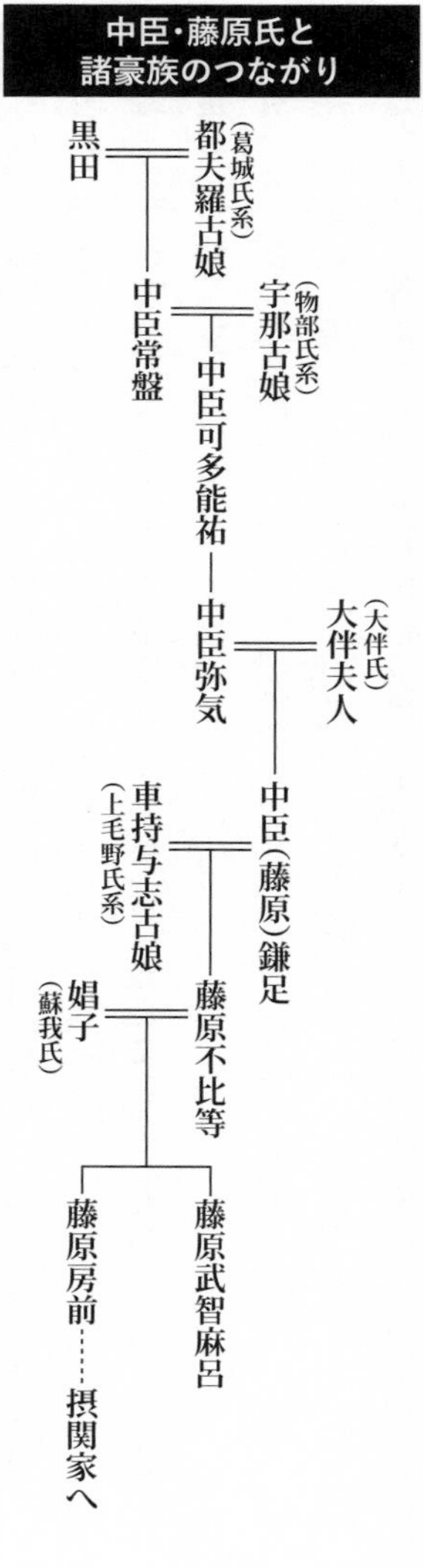

背景には、彼の内に芽生えていた仏教信仰もあったのではないだろうか。

また、中臣氏の職掌である神前での祝詞奏上は、経文を読誦する仏教儀式の影響を受けて案出されたとするユニークな見方もあるが（田村円澄『藤原鎌足』）、この案出にはもしかすると仏教に強い興味を寄せた鎌足が深く関与していたのかもしれない。

ことほどさように、氏族の伝統や職掌に固執しない柔軟さが、時代の変革という大きな波を彼が巧みに乗り切ることを可能にしたのではないだろうか。

鎌足・不比等を介して、多様な豪族の血が藤原氏に流れ込んでいるのもおもしろい。弥気の妻で鎌足を生んだ大伴夫人は大伴氏の人（大伴囓《くい》の娘）、鎌足の妻で不比等を生んだとされる車持与志古娘《くるまもちのよしこのいらつめ》（『尊卑分脈』による）は上毛野《かみつけの》氏系の人、不比等の妻で武智麻呂《むちまろ》（藤原南家の祖）・房前《ふささき》（北家の祖）らを生んだ娼子《しょうし》は斉明《さいめい》・天智両朝で大臣を務めた蘇我連子《むらじこ》の娘であり、馬子の曾孫にあたる。また『中臣氏系図』によると鎌足曽祖父の常磐を生んだのは塩屋牟漏《しおやのむろ》の娘都夫羅古娘《つぶらこのいらつめ》だが、塩屋氏は『新撰姓氏録』では葛城《かずらき》氏の末裔とされているし、常磐の妻で可多能祐（鎌足の祖父）を生んだのは物部氏系の女性だという。

さらに、不比等の娘のうち、宮子《きゅうし》は文武《もんむ》天皇の夫人《ぶにん》に、光明子《こうみょうし》は聖武《しょうむ》天皇の皇后になり、藤原氏は天皇家との外戚関係を着実に構築してゆく。

また、不比等は『日本書紀』の編纂に深く関与したはずだというようなことも言われるが（史料的な明確な裏づけはないのだが）、もしそうだったとすれば、彼は史書の制作を通して幾多の豪族の盛衰をよく知り、多くのことを学びとったにちがいない。

古代に興亡した諸豪族の歴史の結実が、藤原氏であったのである。

そして、このような豪族の興亡が踏み台となって、より一層威信を強めることになったのが、天皇家であった。

あとがき

序章で記したように、豪族にはウジ（氏）・カバネ（姓）があったが、天皇家はこれをもたなかった。ウジもカバネも天皇が豪族に対して賜与するものであったからだ。

しかし、ヤマト王権がまだ確立されていなかった時代には、天皇家の祖先たちもウジに相当するものを称していたはずだ。おそらく彼らが対外的に名乗る際には、地域首長系の豪族の場合と同じく、彼らが拠点とした地域の地名を個人の名前に冠しただろう。具体的には、本来は奈良盆地南東部の一角をさす地名であったヤマトやシキシマを一族の称に用い、「ヤマトの～」や「シキシマの～」などと称したはずである。

ところが、大なり小なりの権力闘争をへて、ある時点から彼らはその称を、一族の名前ではなく、彼らの支配が及ぶ地域全体、すなわち「国」の名前として通用させることに成功した。そしてその時点で、彼らにはウジ名も家名も必要なくなったのである。それは天皇家（＝大王《おおきみ》家）が諸豪族を超越する存在となった瞬間であり、またヤマト王権が確立した瞬間でもあった。

本書は古代豪族のほんのごく一部を取り上げたにすぎない。

天火明命《あめのほあかりのみこと》を祖神として早くから天皇家に后妃を出した尾張《おわり》氏、大和の雄族で応神《おうじん》・反正《はんぜい》・雄略《ゆうりゃく》など七天皇に対して九人の后妃を出した和珥《わに》氏、琵琶湖東岸を本拠として神功《じんぐう》皇后や継体《けいたい》天皇妃を出した息長《おきなが》氏、紀伊国造《きいのくにのみやつこ》を世襲して日前《ひのくま》神宮・国懸《くにかかす》神宮の祭祀を司った紀《き》氏、八咫烏《やたがらす》伝承をもつ賀茂《かも》神社の賀茂氏、出雲系で天皇の葬礼や古墳築造を職掌とした土師《はじ》氏、九州の海人《あま》族系の安曇《あずみ》氏……。

取り上げたい豪族はいくつもあるのだが、紙幅の都合もあって、本書では各章題に挙げた十氏族にしぼってまとめてみた。

ところで、有力豪族間の通婚は珍しいことではなく、たとえば蘇我蝦夷《そがのえみし》の母親（つまり馬子《うまこ》の妻）は物部守屋《もののべのもりや》の妹であったと伝えられている。豪族たちのあいだには複雑な閨閥《けいばつ》もはりめぐらされていたのだ。

こうしたことも含め、豪族の興亡史は戦国大名のそれを彷彿させるものがあるが、豪族は武家ではない。また、豪族同士は必ずしも対立したわけではないし、対立しても全面的な武力闘争にまで発展することはあまりなかった。各豪族の支配域をめぐって境界線が明確に引かれていたわけでもない。それに伴造《とものみやつこ》系の豪族の場合は（軍事系の豪族を除く）、武力をもたなくても、その職掌によって王権に仕えることで繁栄を十分に享受することができた。

天皇や将軍の地位の形骸化が進んだ戦国時代には大名たちのあいだで武力闘争が繰り広げられたが、豪族の場合に目立ったのは、有力な中央または地方豪族と王権のあいだでの抗争であった。当時はまだ王権の歴史が浅く、基盤がいまだ脆弱であったからだろう。

豪族の歴史には、ヤマト王権の誕生と確立をめぐる謎を解く鍵となる要素が詰まっている。

豪族については、筆者はこれまでさまざまな機会に調べたり書いたりすることがあった。それを土台にして古代豪族の興亡を俯瞰できる一書がつくれないだろうか――とかねて腹案を抱いていたのだが、この度、宝島社編集部の梨本敬法氏のご尽力もあって、それを実現させることができた。ここに記して感謝する次第です。

令和三年九月

古川順弘

小島憲之ほか校注『新編日本古典文学全集　日本書紀』（全三巻）小学館／西宮一民校注『新潮日本古典集成　古事記』新潮社／中村啓信監修・訳注『風土記』（全二巻）角川ソフィア文庫／佐竹昭広ほか校注『万葉集』（全五巻）岩波文庫／今泉忠義訳『訓読　続日本紀』臨川書店／沖森卓也ほか訳『現代語訳　藤氏家伝』ちくま学芸文庫／西宮一民校注『古語拾遺』岩波文庫／飯田季治校訂『標注　先代旧事紀校本』明文社／大倉精神文化研究所編『神典』大倉精神文化研究所／奈良県教育会『改訂大和志料』（全三巻）養徳社／藤堂明保ほか訳注『倭国伝』講談社学術文庫／坂本太郎ほか監修『日本古代氏族人名辞典　普及版』吉川弘文館／今尾文昭『古代日本の陵墓と古墳2　律令期陵墓の成立と郡域』青木書店／上田正昭『渡来の古代史』角川選書／大野晋編著『古典基礎語の世界』角川ソフィア文庫／大和岩雄『秦氏の研究』大和書房／大和岩雄『中臣・藤原氏の研究』大和書房／加藤謙吉『秦氏とその民』白水社／加藤謙吉『大和の豪族と渡来人』吉川弘文館／加藤謙吉『日本古代の豪族と渡来人』雄山閣／門脇禎二『吉備の古代史』ＮＨＫブックス／かみつけの里博物館編『よみがえる5世紀の世界　かみつけの里博物館常設展示解説書』／熊倉浩靖『改訂増補版　古代東国の王者』雄山閣／倉本一宏『日本古代国家成立期の政権構造』吉川弘文館／倉本一宏『蘇我氏』中公新書／群馬県埋蔵文化財調査事業団編『金井東裏遺跡の奇跡　古墳人、現る』上毛新聞社／志田諄一『古代氏族の性格と伝承』雄山閣／島根県立古代出雲歴史博物館企画展『古墳は語る　古代出雲誕

生』図録／白石太一郎『東国の古墳と古代史』学生社／関晃『帰化人』講談社学術文庫／『田中卓著作集9　新撰姓氏録の研究』国書刊行会／谷川健一編『日本の神々』（全十三巻）白水社／田村円澄『藤原鎌足』吉川弘文館／鳥越憲三郎『出雲神話の誕生』講談社学術文庫／西川宏『吉備の国』学生社／坂靖『ヤマト王権の古代学』新泉社／平林章仁『謎の古代豪族　葛城氏』祥伝社新書／藤井駿『吉備津神社』岡山文庫／古川順弘『古代神宝の謎』二見書房／古川順弘『人物でわかる日本書紀』山川出版社／前田晴人『古代出雲』吉川弘文館／水谷千秋『謎の豪族　蘇我氏』文春新書／水谷千秋『謎の渡来人　秦氏』文春新書／水谷千秋『古代豪族と大王の謎』宝島社新書／水野祐監修『古代王権と交流7　出雲世界と古代の山陰』名著出版／村田正志編『出雲国造家文書』清文堂出版／洋泉社編集部編『古代史研究の最前線　古代豪族』洋泉社／横田健一『日本古代神話と氏族伝承』塙書房／『歴史読本』編集部編『古代豪族の謎』新人物文庫／『歴史読本』編集部編『消えた古代豪族「蘇我氏」の謎』中経の文庫／若井敏明『「神話」から読み直す古代天皇史』洋泉社歴史新書／若狭徹『東国から読み解く古墳時代』吉川弘文館／若狭徹『古代の東国1　前方後円墳と東国社会』吉川弘文館／『歴史読本二〇一一年八月号　特集・古代豪族の正体』新人物往来社

古川順弘 Nobuhiro Furukawa
1970年神奈川県生まれ。早稲田大学第一文学部卒業。宗教・歴史分野をメインとする編集者・ライター。著書に『人物でわかる日本書紀』（山川出版社）、『神社に秘められた日本史の謎』（新谷尚紀監修、宝島社新書）、『仏像破壊の日本史』（宝島社新書）、『古代神宝の謎』（二見書房）、『物語と挿絵で楽しむ聖書』（ナツメ社）、『古事記と王権の呪術』（コスモス・ライブラリー）などがある。

本文・DTPデザイン…米山雄基

宝島社新書

古代豪族の興亡に秘められた
ヤマト王権の謎
（こだいごうぞくのこうぼうにひめられたやまとおうけんのなぞ）

2021年10月22日　第1刷発行

著　者　古川順弘
発行人　蓮見清一
発行所　株式会社 宝島社
〒102-8388
東京都千代田区一番町25番地
電話・編集　03-3239-0927
営業　03-3234-4621
https://tkj.jp
印刷・製本　中央精版印刷株式会社

ISBN978-4-299-02161-8